Franz Stürmer

GENUSS • FRUCHT

Zwiebel & Lauch

Knoblauch, Bärlauch & Co

Botanik • Gesundheit • Rezepte

avBUCH

inhalt

1

einleitung

DIE ZWIEBEL UND DER KNOBLAUCH BEGLEITEN DEN MENSCHEN SEIT TAUSENDEN, WENN NICHT SEIT ZEHNTAUSENDEN VON JAHREN. WAHRSCHEINLICH GRUB SCHON DER ALTSTEINZEITLICHE MAMMUT- UND RENTIERJÄGER NACH DEN ZWIEBELN DER WILDFORM UNSERER KÜCHENZWIEBEL, UM SIE ALS NAHRUNG, ABER VIELLEICHT AUCH ZU HEILZWECKEN ZU VERWENDEN. EINE WILDFORM, DIE DURCH DIE LANGE ZEIT DER KULTIVIERUNG DER LAUCHPFLANZE FÜR UNS GAR NICHT MEHR GREIFBAR IST.

Zwiebeln begleiten die Menschheitsgeschichte: Als Nahrung für die Arbeiter an den ägyptischen Pyramiden, als Verpflegung der Legionäre des römischen Imperiums, als Mineralstoff- und Vitaminspender für die gefürchteten Wikinger auf ihren langen Eroberungsfahrten oder als Saatgut der Kolonialisten auf ihren Wegen in andere Kontinente.

Zwiebeln etablierten sich als wichtiger Wirtschaftsfaktor und viele Städte und Regionen tragen die Zwiebel stolz auf ihren Fahnen und veranstalten seit Jahrhunderten Zwiebelmärkte und Feste.

Die Küchenzwiebel ist ein nicht mehr wegzudenkender Bestandteil unserer Küche. Wir Mitteleuropäer essen im Durchschnitt rund sieben Kilogramm Zwiebeln im Jahr.

Ihre Inhaltsstoffe und ihr Geschmack verleihen einer Vielzahl von Gerichten ihren typischen Geschmack und oft sogar den Namen. Ohne Zwiebeln gäbe es keinen Zwiebelrostbraten, keine überbackene Zwiebelsuppe, kein Kesselgulasch. Darüber hinaus sind es die vielen kleinen Beigaben von Zwiebel und Co, die unseren Speisen den „letzten Schliff" geben. Ob scharf, ob mild und süßlich, ob in dekorativen grünlich weißen Ringen oder mit weinroten Würfelchen, die Zwiebel ist immer dabei.

Dabei ist die Küchenzwiebel mit ihrer Sortenfülle nur die Spitze des Eisbergs der Vielfalt, die die Gattung Lauch, die genus Allium, zu bieten hat: den Porree, die Lauchzwiebel oder die Schalotte, um nur einige der in der Landwirtschaft wichtigen Lauchpflanzen zu nennen. Nicht zu vergessen der Knoblauch, als mindestens ebenso gewichtiger Vertreter der Gattung, und der Schnittlauch. „A Schnittel auf jede Suppn", pflegte die Großmutter zu sagen und meinte nicht nur das grüne Gewürz, sondern verwendete den Ausspruch auch als Synonym für jemanden, der überall dabei ist.

Neben den landwirtschaftlich kultivierten Lauchen – und dieses ungewöhnliche Mehrzahlwort sei hier gestattet – ist eine Vielzahl von Arten der Gattung Allium auf der Nordhalbkugel verbreitet. Oftmals zählen sie zu den geschützten Pflanzen und stehen auf der roten Liste der bedrohten Arten.

Es sind faszinierende Pflanzen, mit oft schlanken, peitschenförmigen Blättern und kugeligen Blütenständen in den Farben Gelb bis Dunkelviolett. Besonders auffällig sind sie, wenn sie große Flächen besiedeln und dann im Frühjahr oder Sommer den Boden mit einem Blütenmeer gleich einem Teppich bedecken. Um solch einen Anblick zu erleben, müssen wir gar nicht weit reisen: Ende April bis Anfang Mai in ein feuchtes Tal im Hügelland gefahren, bietet der Bärlauch dieses Schauspiel.

Die Blütenpracht der Lauchpflanzen war auch die Ursache, die sie in unsere Gärten brachte und sie für Züchter interessant machte. Heute sind Hunderte von Sorten, vom kleinen gelben „Zauberlauch" *(Allium moly)* bis zur riesigen Sorte 'Purple Sensation' der Art *Allium aflatunense* mit einem großen kugeligen Blütenstand, im Handel erhältlich.

Weitet man den Blick nun auf die von Gärtnern als Zwiebelpflanzen zusammengefasste Gruppe der Liliengewächse aus, so wird die ungeheure Vielfalt der Zwiebel ausbildenden Pflanzen deutlich. Vom ersten Frühjahrsblüher wie dem Schneeglöckchen über die majestätische Madonnenlilie bis zu den Tulpen, Narzissen und Hyazinthen: Sie alle gehören zu den Zwiebelpflanzen.

Ihr Kennzeichen ist, wie bei der Küchenzwiebel, ihr Speicherorgan. Es ist keine Knolle, keine Rübe, es ist ein von Blättern gebildetes vielschichtiges Gebilde: die Zwiebel oder *bulbus*, wie sie in der Botanik genannt wird.

Ihr verborgenes Wachsen unter der Erdoberfläche, die vielen Schichten und der intensive Geruch schürten die Mythen rund um die Zwiebel. So heißt es, dass, als der Teufel aus dem Paradies vertrieben wurde, in seinen Fußspuren (eigentlich müsste man ja Fuß- und Hufspuren sagen) Zwiebel und Knoblauch wuchsen. Damit ist nicht weiter verwunderlich, dass die beiden Pflanzen als ideales Mittel zur Abwehr von jeglichem Bösen angesehen wurden. Sie wurden gegen Schlangenbisse, Pest und Cholera, gegen den bösen Blick, Verhexung und Dämonen, gegen Vampire und sogar gegen den Teufel selbst eingesetzt. Über den jeweiligen Erfolg lässt sich freilich diskutieren. Ebenso über die Treffsicherheit der unzähligen Zwiebelorakel, die in vielen Kulturkreisen befragt wurden.

Zwiebel und Knoblauch gelten aber auch von alters her als Aphrodisiakum. Ihre Schärfe und ihre Kraft sollen sich auf das Liebesleben übertragen. Ein Glaube, der so tief verwurzelt war, dass Mönchen und Nonnen vom Genuss der „schändlichen lüstern machenden Knollen" abgeraten wurde.

„Zwiebeln sind so viel wert wie eine ganze Apotheke"
(Paracelsus)

Die Mystifizierung der Zwiebel hat ihre Ursache aber auch in ihren wissenschaftlich belegten Heilwirkungen gegen Husten oder Magenbeschwerden, ihrer antiseptischen Wirkung und ihrer Hilfe bei Insektenstichen. Aber vor allem ihre Wirkung gegen Arterienverkalkung und das Altern von Gefäßen ließen die Zwiebel zu einem etablierten Mittel der Phytomedizin werden. Auch die Verwandten, wie Knoblauch und Bärlauch, wirken ähnlich.

Die Zwiebel, und das gilt auch für die Stangen des Porrees, enthält eine Vielzahl an Vitaminen, Mineralstoffen und Spurenelementen. Gegen diesen Reichtum schneidet selbst der Apfel bei einem Vergleich schlecht ab.

Zwiebeln und ihre Lauchverwandten besitzen aber noch eine Eigenschaft, die zwar den Glauben an ihre mystische Wirksamkeit verstärkt hat, aber oft auch abstößt und als Grund für eine Verweigerung von Zwiebelspeisen und Knoblauchgerichten genannt wird: der intensive Geruch. Knoblauch-, Bärlauch- und Zwiebeldüfte sind nicht jedermanns Sache und sie haben den Nachteil, nach Genuss eines Skordalia, einer Zwiebelsuppe oder eines Bärlauchrisottos bis zum nächsten Tag nachzuwirken. Man schwitzt und atmet den gegessenen Knoblauch oder die zu sich genommene Zwiebel aus.

Doch „Wo viel Licht ist, ist auch viel Schatten" sprach schon der große Dichterfürst, und vielleicht hat Johann Wolfgang von Goethe ja sogar dabei an die Eigenschaften der Zwiebel gedacht, denn er zierte sein Haus in Weimar mit Zwiebeln und erfreute sich wahrscheinlich an den Köstlichkeiten des Weimarer Zwiebelmarktes.

2

die zwiebel im porträt

BEI EINEM GUT SORTIERTEN GEMÜSESTAND KANN MAN BEI DER BESTELLUNG „EIN KILO ZWIEBELN" LEICHT ZUM UNWISSENDEN DEGRADIERT WERDEN, DENN DIE UNVERMEIDLICHE GEGENFRAGE ÖFFNET DIE REICHE ANGEBOTSPALETTE DER ZWIEBEL: „WAS DARF'S DENN SEIN? GROSSE BRAUNE FÜR EIN GULASCH ODER MILDE WEISSE AUS ITALIEN, GANZ FRISCH HEREINGEKOMMEN? VIELLEICHT ROTE, LEICHT SÜSSLICHE FÜR EINEN SALAT? RESCHE SCHALOTTEN HÄTTE ICH AUCH NOCH DA. FÜR EINE KÄSEPLATTE HÄTTE ICH DA GANZ FRISCHE JUNGZWIEBERLN. ODER VIELLEICHT EINEN PORREE ODER EINGELEGTE ECHTE PERLZWIEBERLN?"

Zwiebeln für jeden Geschmack, für jede Speise. Der Name „Küchenzwiebel" umfasst rund 400 Sorten, dazu kommt jede Menge verwandter Arten; Anlass genug, die Gattung *Allium,* den Lauch und besonders die Küchenzwiebel einmal näher unter die Lupe zu nehmen.

Küchenzwiebel *Allium cepa* Linné

FAMILIE: Lauchgewächse *(Alliaceae),* früher Liliengewächse *(Liliaceae)*
ANDERE NAMEN: Sommerzwiebel, Speisezwiebel, Zwiefel, Zwiewel, Bolle, Fölle, Zippel
Der Gattungsname *Allium* wird gerne mit dem lateinischen *olere* (riechen) in Verbindung gebracht. Wahrscheinlicher ist der Zusammenhang mit dem keltischen *all,*

das scharf, brennend bedeutet. Über den Ursprung des deutschen Gattungsnamens Lauch finden Sie bei der Beschreibung des Bärlauchs mehr, auf diese Pflanze dürfte der Begriff „Lauch" nämlich zurückgehen.
Der Artname *cepa* ist die lateinische Bezeichnung für Zwiebel und wurde aus dem Griechischen übernommen.

Woher kommt nun der deutsche Name „Zwiebel"?

Er leitet sich von *cepula,* der lateinischen Verkleinerungsform von cepa, ab. Aus *cepula* wurde in vielen regionalen Varianten im Althochdeutschen *zibolla,* später *zwibollo.* In diesem Wort verbergen sich „zwi" als zweifach und „bollo", das althochdeutsche *bolle,* als Knospe, Fruchtknoten, gewölbtes Gefäß. Damit findet man schon in der frühen Namensgebung eine Beschreibung der Pflanze: eine zweihäutige (gemeint ist hier mehrhäutige), rundlich dicke Knospe. Dabei ist hier nicht die Blüte, sondern die Zwiebel gemeint. In der Schriftsprache setzt sich dann im 16. Jahrhundert die schon von Martin Luther verwendete Form „Zwibel" durch.
Noch deutlicher erkennt man den lateinischen Wortstamm im Wort für Zwiebel in den romanischen Sprachen – Italienisch: cipolla, Spanisch: cebolla, Portugiesisch: cebola, Rumänisch: ceapa oder auch Polnisch: cebula.
Interessanter ist der Weg zum französischen *oignon* und englischen *onion,* die beide dieselbe Wurzel haben. Sie leiten sich vom volkslateinischen *unio* (einzelne große Perle) für Zwiebel ab. Hier wird die Zwiebel zur einzelnen Perle.
Perlzwiebeln sind übrigens der gängige Begriff für eine eigene spezielle Sorte des Ackerknoblauchs, der Name wird aber auch für Küchenzwiebelsorten mit kleinen, kugeligen weißen Zwiebeln verwendet (Silberzwiebeln).

Aussehen der Zwiebel

Von Natur aus ist die Zwiebel eine ausdauernde Pflanze, die in der Landwirtschaft ein- bis zweijährig angebaut wird.
Das unterirdische Speicherorgan ist der Bulbus, eine knollige Verdickung, bestehend aus den weißen Unterblättern. Die blaugrünen Oberblätter (Laubblätter) sind hohl und röhrig und verwelken nach der Vegetationsperiode. Die Blüten sind grünlich weiß in kugeligen Scheindolden mit einem Durchmesser von 8 bis 12 cm angeordnet. Die Blütenstände sitzen auf einem bis zu 1 m hohen, hohlen Stängel und treten erst ab dem zweiten Vegetationsjahr auf.
Die Früchte sind dreifächerige Kapseln mit kleinen schwarzen Samen mit undeutlicher Dreiecksform.

Wo die Zwiebel wächst

Die Zwiebel stammt ursprünglich aus Inner- bis Kleinasien und ihr natürlicher Lebensraum ist durch trockenes Kontinentalklima geprägt. Sie liebt Wärme und braucht heiße Sommer zur vollständigen Reife. Ideale Bodenverhältnisse sind nährstoffreicher, sandiger und krümeliger, sommerwarmer Boden. Die Wildzwiebel wurde schon vor rund 5.000 Jahren domestiziert und in den Hochkulturen des Mittelmeergebietes feldmäßig angebaut. Aus diesem Grund ist ein definitives Herkunftsgebiet nur schwer eingrenzbar. Die Urform der Zwiebel ist nicht mehr fassbar. Im römischen Weltreich fand die Zwiebel auch ihren Weg nach Europa, wobei der wilde Lauch (Bärlauch) bei den Germanen und Kelten schon längst bekannt war und als heilige Pflanze galt (siehe auch unter Bärlauch). Feldmäßiger Anbau der Küchenzwiebel ist in Mitteleuropa erst im Spätmittelalter nachweisbar, davor wurde sie als Arzneipflanze in den Klostergärten gezogen. Von Europa aus nahm die Zwiebel im Zuge der Entdeckungen und Kolonisation schließlich ihren Weg in andere Kontinente.
In Deutschland werden jährlich über eine halbe Million Tonnen Zwiebeln gegessen, in Österreich liegt der jährliche Pro-Kopf-Verbrauch bei 7 kg. In manchen Ländern wie Ägypten zählt die Zwiebel noch heute zu einem wichtigen Grundnahrungsmittel. Durch die Vielfalt an Sorten und damit eine große Bandbreite an Ansprüchen, was Klima und Lebensraum betrifft, werden Zwiebeln heute weltweit in kälteren Bereichen

Jeder Österreicher isst im Durchschnitt 7 kg Zwiebeln

KÜCHENZWIEBEL-PRODUKTION FÜR DAS JAHR 2000 IN TONNEN

CHINA	14.104.696
INDIEN	4.721.100
USA	3.247.900
TÜRKEI	2.200.000
PAKISTAN	1.647.991
IRAN	1.343.588
JAPAN	1.247.000
RUSSLAND	1.150.000
BRASILIEN	1.141.810
SPANIEN	964.813
SÜDKOREA	877.514
NIEDERLANDE	821.022
ÄGYPTEN	762.993
KOLUMBIEN	750.783
POLEN	720.345
ARGENTINIEN	660.092
NIGERIA	600.000
UKRAINE	563.000

QUELLE: FAO

HAUPT-KÜCHENZWIEBEL-PRODUKTION DER EU-STAATEN IN AUSWAHL FÜR DAS JAHR 2001 IN TONNEN

SPANIEN	1.104.000
NIEDERLANDE	765.340
POLEN	625.931
FRANKREICH	437.364
ITALIEN	426.457
GROSSBRITANNIEN	389.400
DEUTSCHLAND	287.277
GRIECHENLAND	207.969
UNGARN	174.327
PORTUGAL	110.000
ÖSTERREICH	95.741
TSCHECHIEN	84.086

QUELLE: FAO

wie Großbritannien, Skandinavien, den Baltischen Staaten und Japan bis hin zu den wärmsten Regionen wie Nordafrika, Südkorea, Indien oder Kalifornien und Brasilien gezogen.
Die klassischen Anbaugebiete wie die Staaten Südost- und Südeuropas haben gegenüber den Anbaugebieten in Asien und Nord- und Südamerika, was die Produktionsmengen betrifft, an Bedeutung verloren. Fast die Hälfte der weltweit erzeugten Zwiebeln kommt heute aus China, Indien und den USA.

Der größte europäische Zwiebelproduzent ist Spanien, wobei die flächenmäßig kleinen Niederlande auch noch knapp unter den 12 größten „Zwiebelländern" der Welt zu reihen sind. Holland hat vor allem, was Saatgut und Züchtung von Zwiebeln aller Art betrifft, seine Vormachtstellung seit dem frühbarocken Tulpenboom (siehe auch Kapitel „Kunterbuntes Zwiebelalphabet") nicht mehr abgegeben.
Weltweit wurden im Jahr 2000 rund 50 Millionen Tonnen Zwiebeln geerntet, eine Menge, die sich in den letzten 20 Jahren verdoppelt hat.

Ein Blick auf die Zwiebelstatistik der EU-Staaten zeigt, dass die Hauptproduzenten von Zwiebeln die „klassischen" Zwiebelländer sind, während Deutschland schon deutlich unter dem Pro-Kopf-Verbrauch seiner Einwohner liegt und Österreich trotz Rückgang der Produktion einen Zwiebelüberschuss erzeugt. Gesamt wurden in den erweiterten EU-Staaten 2001 rund 5 Millionen Tonnen Zwiebeln geerntet.

Geschichte der Zwiebel

Die Zwiebel hat im vorderasiatischen Raum und im östlichen Mittelmeergebiet eine lange Geschichte, die bis in die Zeit der großen Hochkulturen wie Assyrien, Babylonien oder Ägypten zurückreicht. Sie war Nahrungsmittel, Heilpflanze und Opfergabe. Eine vor mehr als 2000 Jahren vor Christus entstandene sumerische Keilschrifttafel enthält Angaben über Zwiebel- und Gurkenfelder und in der ältestbekannten Gesetzessammlung der Menschheit, im Codex Hammurabi, findet sich auch eine Festlegung der Brot- und Zwiebelzuteilung für die Armen.
Zwiebeldarstellungen findet man auch auf ägyptischen Wandmalereien. In der Cheopspyramide belegt eine Inschrift die Verpflegung der Bausklaven mit Zwiebeln, Knoblauch und Rettich im Wert von 1.600 Talenten, eine auf heutigen Geldwert umgerechnet ungeheure Summe. Zugleich wurde die Zwiebel im vorderasiatischen Raum und in Nordafrika als heilendes Antibiotikum verwendet. Sie war aber auch Bestandteil religiöser Zeremonien und wurde als beschützende Wegzehrung für das Jenseits ins Grab mitgegeben. So wurde sie sogar bei der Mumifizierung mitbandagiert.
Zwiebeln finden auch im Alten Testament Erwähnung. So scheinen sich die Israeliten in der ägyptischen Gefangenschaft an Zwiebeln und deren Verwandtschaft als Nahrungsmittel gewöhnt zu haben, denn im 4. Buch Moses, Kapitel 11, findet man: „Wir gedenken der Fische, die wir in Ägypten umsonst aßen und der Melonen, der Pfeben (Wassermelonen), Lauchs, Zwiebeln und Knoblauchs."
Der große Feldherr Alexander der Große verteilte Zwiebeln an seine Soldaten vor der Schlacht, um ihre Kampflust zu stärken. Bei Sokrates kam die Zwiebel jedoch nicht so gut weg: Der Philosoph und Naturgelehrte beschrieb sie abwertend als widerwärtige Stinkpflanze, die nur für Raufbolde und Kampfhähne geeignet sei.
Der Grieche Pedanios Dioskurides (40–90 n. Chr.), ein römischer Militärarzt und Heilkundiger, unterscheidet lange, runde, gelbe und weiße Zwiebeln, wodurch deutlich wird, dass die Römer mehrere Zwiebelsorten kannten und kultivierten. In seiner Beschreibung der Wirkung bei Zwiebelgenuss bleibt er zwiespältig: Einerseits sollen Zwiebeln hungrig und durstig machen, für den Bauch „bequem" sein und dünn machen, andererseits „blähen sie den Leib und erzeugen einen Unwillen des Magens".
Erwähnung findet die Zwiebel bei fast allen griechischen und römischen Gelehrten des Altertums: Homer, Herodot und Theophrast sowie Plinius, Juvenal und Columella erwähnen sie ebenso wie die damaligen Ärzte, Naturforscher und Heiler.
Die Römer legten für den Zwiebelanbau sogar eigene Gärten an. In diese „cepinae" bestellten die „ceparii" (spezielle Zwiebelgärtner) Beete mit Zwiebeln und Knoblauch. Die Namen leiten sich vom lateinischen *cepa*, Zwiebel, ab. Unter den abgekommenen mittelalterlichen Berufen findet man noch den Beruf des Zwieblers, der für Gärtner stand. Außerdem unterschieden Römer schon nach Namen drei Zwiebeln, die als *cepa*, *bulbus* und *unio* bezeichnet wurden. „bulbus" ist die heutige wissenschaftliche

Bezeichnung für das Pflanzenorgan Zwiebel und „unio" lebt im englischen *onion* und französischen *oignon* fort.
Dass die Zwiebel in der Zeit des Aufstiegs des Römischen Reiches als weit verbreitete Speise diente, belegt eine Aussage des römischen Gelehrten Marcus Terentius Varros (115–27 v. Chr.), eines Zeitgenossen von Julius Cäsar, über seine Vorfahren: „…recht brave Leute, obgleich ihre Worte einen derben Knoblauch- und Zwiebelgestank hatten." Doch schon bald rühmte sich kein hochrangiger Römer mehr, „Zwiebelesser" zu sein. Der Luxus und die Dekadenz im späteren römischen Kaiserreich verbannten die Zwiebel als Speise der einfachen Leute vom Speiseplan der römischen Elite und der Ausdruck „Zwiebelesser" wurde zum abwertenden Schimpfwort. Zwiebeln waren nur noch eine Speise der armen Leute und Legionäre. Die vor allem durch römische Legionäre nach Mitteleuropa gebrachte Zwiebel blieb fixer Bestandteil der vor allem ärmeren Bevölkerung.
Ende des 8. Jahrhunderts wurde anscheinend der Wert der Zwiebel wieder erkannt. Karl der Große, der durch viele Erlässe das Frankenreich und damit große Teile West- und Mitteleuropas prägte, befahl unter anderem den Anbau von Zwiebeln. Die Zwiebel findet sich auch im berühmten Idealplan eines Klosters von St. Gallen wieder. Hier wurden nicht nur die Räumlichkeiten eines „perfekten" Klosters festgelegt, sondern auch die Kloster- und Kräutergärten und deren Bepflanzung.
Auch die Wikinger wussten schon über die Wichtigkeit der Zwiebel als Nahrungsmittel und Vitaminspender Bescheid. Ihre langen Seereisen auf den an Europas Küsten gefürchteten Drachenbooten konnten sie nur mit Hilfe der Zwiebel als Vitamin- und Mineralstoffspender durchstehen.
Während des weiteren Mittelalters dürfte die Zwiebel ein fixer Bestandteil der „Wurzgärten" (mittelalterliche Gemüsegärten) gewesen sein und als Grundnahrungsmittel und Würze für die Eintöpfe des armen Mannes gedient haben, schriftliche Hinweise darüber sind nur spärlich bis nicht vorhanden. Erwähnung finden die Zwiebel und ihre Verwandten (vor allem der Knoblauch) jedoch in der Heilkunde. Jeder der berühmten mittelalterlichen Kräuterkundigen weiß über die Wirkung der Zwiebel zu berichten.
Gesichert ist ebenfalls, dass die Zwiebel im 15. Jahrhundert in den Niederlanden schon sortenmäßig gezüchtet wurde.
In der Zeit der Renaissance, der ersten Blüte der Wissenschaft und Forschung, durfte die Zwiebel in keinem der großen botanischen Werke fehlen und nahm oft einen gewichtigen Teil ein. Botaniker wie Leonhard Fuchs oder Hieronymus Bock beschrieben sie und ihre Heilwirkung, wobei deutlich wird, dass schon im auslaufenden 16. Jahrhundert einige unterschiedliche Zwiebelsorten angepflanzt wurden. In einem dieser alten Folianten finden wir auch wieder einen Hinweis auf die allgemeine Verwendung: So schreibt Bock 1551, dass bei den Deutschen zum Kuchenbacken nichts gebräuchlicher sei als Zwiebeln, niemand würde auf sie verzichten. Konkret: „…niemand will der Zwiebel entraten…" und „…etliche brauchen sie zur Wollust, die anderen zur Arzney".

Viele der heutigen Zwiebelsorten wurden im 19. Jahrhundert gezüchtet

In der Barockzeit wurde die Zwiebel schließlich wieder salonfähig. Unter den französischen Königen Ludwig XIV. und Ludwig XV. wurde die Zwiebel zum festen Bestandteil der Küche.

Ab dem 19. Jahrhundert wurde der Zwiebel in der Landwirtschaft auch in Deutschland mehr Beachtung geschenkt. In Folge entstanden die heute berühmten Sorten wie 'Zittauer Gelbe', 'Stuttgarter Riesen', 'Dresdner Plattrunde' oder 'Braunschweiger Dunkelblutrote'. Die 'Rjinsburger' aus den Niederlanden stellen heute noch eine weltweit angebaute Sortengruppe dar. Auch in Österreich wurden eigene Sorten wie 'Rote Laaer' oder 'Oberschoderleer Steckzwiebel' gezüchtet.

Um 1930 wird von der Reichsanbaustelle das Anbaugebiet von Deutschland mit einer Fläche von 5.000 ha angegeben. Der Ertrag lag bei 175 Tonnen pro Hektar. Heute liegt die Fläche bei ca. 7.500 ha und einem Hektarertrag von rund 400 t bei herkömmlichem Anbau.

Auch in Österreich wurden einzelne Gebiete zu Hochburgen des Zwiebelanbaus wie das Land um Laa (Niederösterreich), das Marchfeld östlich von Wien oder im Inntal im Gebiet um Thaur, zwischen Innsbruck und Hall. Solche Zwiebelzentren entwickelten sich fast in jedem Land, wo der Boden und das Klima für den Anbau geeignet sind. Zumeist wurden dort bodenständige eigene Sorten angebaut, die auch von örtlichen Bauern und Gärtnern gezüchtet wurden.

Zwiebelsorten

Heute ist eine Vielzahl von Unterarten und Sorten der Küchenzwiebel weltweit im Handel erhältlich. Generell werden gerne Gemüsezwiebeln, Haushaltszwiebeln und Silberzwiebeln unterschieden. Eine andere Einteilung geht nach der Schalenfarbe und gliedert in braune (gelbe), rote und weiße Zwiebeln. Oft wird auch nach dem Herkunftsland unterschieden, was genauso vertretbar ist, weil in jedem Land eigene Zwiebelsorten gezüchtet wurden, die oftmals nur dort angebaut werden. Hier werden meist die „Italiener" oder die „Spanischen" genannt.

Unter Gemüsezwiebeln werden besonders große und eher mild schmeckende Sorten zusammengefasst. Haushaltszwiebeln sind die Hauptmasse; sie weisen eine Schalenfarbe von weiß über braun bis violett auf und sind von unterschiedlicher Schärfe. Silberzwiebeln sind kleine weißschalige Zwiebelsorten, die eher mild schmecken (siehe auch Kapitel „Zwiebel in der Küche").

Die Vielfalt der Küchenzwiebel wird auch nach ihrer Vegetationsperiode und Frostresistenz in Sommer- und Winterzwiebel unterteilt (siehe auch Kapitel „Gärtnern mit Zwiebel").

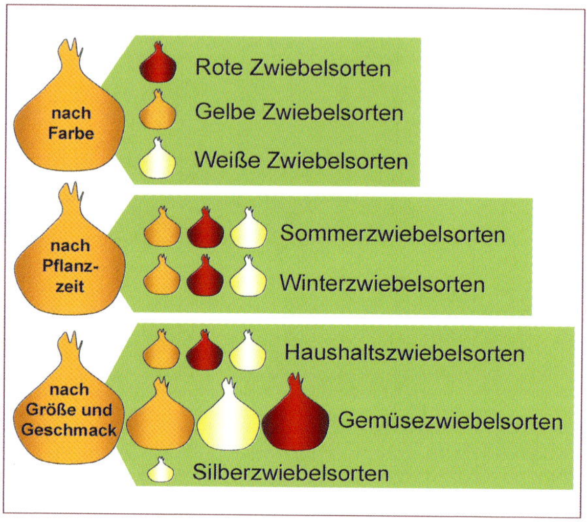

Gebräuchliche Einteilungen der Zwiebelsorten der Küchenzwiebel

HAUSHALTSZWIEBELSORTEN

SOMMERZWIEBEL

Die hier zusammengefassten Zwiebelsorten werden im zeitigen Frühjahr gesät und im August bis September geerntet, wobei vor allem spätere Sorten meist von fester Konsistenz sind und bis in den März des Folgejahres gelagert werden können. Einige hier ausgewählte Sorten:

'Barito F1-Hybride'

Die großen gelb- bis braunschaligen Zwiebeln dieser Sorte besitzen eine hohe Lagerfähigkeit und sind bei einer Aussaat im April unter guten Bedingungen schon Anfang August zu ernten.

'Braunschweiger Dunkelblutrote'

Eine beliebte Sorte, in der Form plattrund abgeflacht, von mittlerer Größe und dunkelrot gefärbt. Das Fleisch ist sehr fest und die Sorte ist extrem lagerfähig. Wegen ihres Geschmackes und ihrer Farbe wird sie gerne für Salate verwendet.

'Corona F1'

Die Zwiebeln dieser ertragreichen Sorte reifen sehr früh und haben eine runde Form mit gelbbrauner Farbe. Die Zwiebeln sind besonders für eine Verwendung bald nach der Ernte gedacht.

'Jagro'

Diese runden gelbschaligen Zwiebeln sind momentan sehr gebräuchlich, die Sorte reift sehr früh und steht im Ruf, eine sehr ertragssichere Sorte zu sein.

'Setton F1'

Die Zwiebeln sind rund und weisen eine hohe Schalenfestigkeit auf. Der Ertrag ist hoch und die Ernte ist meist sehr gleichförmig ausgebildet.

'Wiener Bronzekugel'

Eine österreichische Züchtung mit großen sonnengelben Zwiebeln, die eine gute Lagerfähigkeit aufweisen. Die Aussaat ins Freiland erfolgt von März bis Mai, die Ernte ab Ende August bis Oktober.

'Wiro'

Diese Sorte hat mittelgroße weinrote Zwiebeln mit einer guten Lagerfähigkeit. Die Aussaat ins Freiland erfolgt von März bis Mai, die Ernte ab Ende August bis Oktober.

'Zittauer Gelbe'

Mit ihrem kräftigen Geschmack, sehr guter Haltbarkeit und feiner Schale ist sie eine sehr beliebte Sorte. Für eine optimale Lagerung sollten die hochrunden gelbschaligen Zwiebeln gut abgereift sein und gut getrocknet werden. Die Aussaat kann ab Ende Februar direkt ins Freiland erfolgen. Sie gilt als eine der klassischen Gartensorten.

'Brunswijker Red Comred'

Eine Pflanzzwiebelsorte mit plattrunden, blutroten Zwiebeln mit weißem Fleisch, das beim Durchschneiden rötlich wird. Sie kann bis Ende des Frühjahrs gepflanzt werden.

'Weiße Königin'

Die Zwiebeln der „weißen Königin" sind klein, mit gutem mildem Geschmack und silberweißer Farbe und eignen sich zum Einlegen, auch gemeinsam mit Essiggurken, oder für Mixedpickels. Die Sorte ist nicht winterfest.

WINTERZWIEBEL

Die als Winterzwiebeln zusammengefassten Sorten sind im Allgemeinen etwas saftiger und milder als Sommerzwiebeln. Es sind eigentlich „Überwinterungszwiebeln", denn sie werden im August gesät, reifen im nächsten Frühjahr heran und können ab Juni geerntet werden. Die meisten Sorten besitzen nur eine begrenzte Lagerfähigkeit.

'Birnenförmige'

Wie der Name schon sagt, liefert diese Sorte hochgestreckte birnenförmige Zwiebeln mit gelber Schale.

'Piroska'

Feste mittelgroße Zwiebeln mit einer satten dunkelroten Schale sind das Markenzeichen dieser Sorte.

'Senshyu Yellow Globe'

Die gelben Zwiebeln dieser japanischen Sorte sind eine Frühsorte und bringen einen guten Ertrag, sind aber nur begrenzt lagerfähig. Im Sommer ausgesät, können sie im nächsten Jahr ab Mai geerntet werden.

'Lisbon'

Die gerne als Salatzwiebel bezeichnete Sorte ist weiß und kann bei Aussaat im Vorjahr ab Ende April geerntet werden.

'Stuttgarter Riesen'

Die Sorte ist gut geeignet für den Frischverbrauch und als Würze für Speisen und Salate. Sie liefert flachrunde, mittelgroße und sehr feste Zwiebeln und ist sehr schnellwüchsig. Sie kann auch als Sommerzwiebel gepflanzt und dann als Lieferant für Steck- und Jungzwiebeln verwendet werden.

GEMÜSEZWIEBEL

'Alisa Craig'

Durch ihre Schnellwüchsigkeit und den hohen Ertrag ist die nach einer Krimiautorin benannte Sorte sehr beliebt. Sie liefert große gelbe Zwiebeln mit mildem Geschmack. Bei einer Aussaat von Februar bis März kann ab September geerntet werden.

'Exibition'

Diese mildwürzige fleischige Gemüsezwiebel ist wegen ihrer Größe sehr beliebt. Sie ist als „Fleischerzwiebel" wegen ihrer Verwendung unter anderem im Dönerkebab bekannt und kann ein Gewicht von 1 bis 1,5 kg pro Zwiebel erreichen. Die Aussaat kann ab Jänner in Töpfen erfolgen und bei Frostfreiheit in sonnigen Lagen weiterkultiviert werden. Bei guten Bedingungen kann die Ernte ab Anfang Mai erfolgen.

'The Kelsea'

Diese sehr milde Riesensorte ist gut lagerfähig und muss ab Februar unter Glas gezogen und erst nach dem letzten Frost ins Freiland gesetzt werden. Zum guten Gedeihen sollte das Beet gut vorgedüngt und während des Wachstums gegossen werden. Beim Vereinzeln sollten wegen der Zwiebelgröße auch größere Pflanzabstände eingehalten werden. Bei guten Bedingungen erreichen die Zwiebeln einen Durchmesser von 20 cm.

SILBERZWIEBEL

Als Silberzwiebeln werden Sorten mit sehr kleinen und runden Zwiebeln zusammengefasst, die eine silberweiße Farbe aufweisen und meist einen sehr milden Geschmack haben.

'Barletta'

Die kleinen runden Zwiebeln mit silberweißer Farbe verfügen über einen milden Geschmack und werden gerne frisch gegessen oder in Essig eingelegt. Bei einer Aussaat im Februar unter Folie oder Glas können ab Juli die Silberzwiebelchen geerntet werden.

Weiße Gemüsezwiebeln sind Bestandteil vieler Eintopfgerichte

3

die arten des lauchs

DAS GESCHLECHT „DERER VON LAUCH", DIE GATTUNG ALLIUM, IST ARTENREICH UND ÜBER DIE GESAMTE NORDHALBKUGEL VERBREITET. VIELE VON IHNEN SIND ALS WILDFORMEN IN STEPPEN, LOCKEREN WÄLDERN ODER TROCKENRASEN ZU FINDEN, ANDERE WURDEN ALS GARTENFORMEN KULTIVIERT UND SIND ZIERENDE ATTRAKTIONEN VIELER GARTENANLAGEN, EINIGE WURDEN ZU TRAGENDEN BESTANDTEILEN DER LANDWIRTSCHAFT UND ZUM FIXEN BESTANDTEIL UNSERER ERNÄHRUNG. ALS ERSTES SOLL DAS AUGENMERK AUF DIE ARTEN GERICHTET WERDEN, DIE UNS ALS NAHRUNGSMITTEL DIENEN.

Ernährende Lauche

Schalotte *Allium ascalonium (Allium cepa var. ascalonium)*

FAMILIE: Lauchgewächse *(Alliaceae)*, früher Liliengewächse *(Liliaceae)*

ANDERE NAMEN: Aschlauch, Eschlauch, Kartoffelzwiebel

Die Bezeichnung „ascalonium" stammt von der Küstenstadt Askalon in Palästina nahe dem heutigen Tel Aviv.

Der deutsche Name ist aus dem Französischen entlehnt, aus *échalote,* das sich wiederum aus *cepa ascalonia* entwickelt hat, der „Askalonischen Zwiebel".

HERKUNFT UND VERBREITUNG: Laut Angabe von Theophrast, dem wahrscheinlich berühmtesten Botaniker der Antike (372 oder 370–287 oder 285 v. Chr.), war Askalon das Zentrum des Anbaus, wobei die Schalotte nur als Kulturpflanze bekannt ist und damit anzuneh-

men ist, dass sie eine sehr frühe Kultursorte darstellt. Aus diesem Hauptanbaugebiet in Westasien und des Nahen Ostens wurde die Schalotte vor allem durch die Kreuzfahrer nach Europa gebracht.
Im Gegensatz zu anderen Zwiebeln bildet die Schalotte bis zu 15 ovale Einzelbulben (Nebenzwiebeln), so genannte Aggregate. Schalotten aus inländischer, ungarischer oder französischer Produktion werden von August bis November geerntet und frisch auf den Märkten angeboten. Sie sind bis in den April lagerfähig. Damit kann der Markt auch den Winter über versorgt werden. Die europäischen Länder produzieren nur einen geringen Anteil der Gesamtmenge an Schalotten, die auf der Welt erzeugt werden.

Lauchzwiebel *Allium fistulosum*

FAMILIE: Lauchgewächse *(Alliaceae)*, früher Liliengewächse *(Liliaceae)*
ANDERE NAMEN: Winterzwiebel, Winterheckzwiebel, Winterheckenzwiebel, Röhrenzwiebel, Frühlingszwiebel, Jungzwiebel, Stängelzwiebel, Röhrenlauch, Schlottenzwiebel, Schnittzwiebel, ewige Zwiebel, Jakobslauch oder Johannislauch
Der Blütenstand des Röhrenzwiebels ist kugelig und bis zu 5 cm im Durchmesser. Die Blütenstiele sind unterschiedlich lang, die in Vielzahl vorhandenen Blüten haben eine weißlich gelbe Farbe und sind eiförmig bis glockig. Der aufrechte Stängel ist hohl und ungefähr auf halber Höhe bauchig erweitert. Knapp über dem Erdboden zweigen die Blätter vom Stängel ab, der in diesem Bereich nicht röhrig rund, sondern zusammengedrückt ist. Die zwei bis sechs Blätter sind ebenfalls röhrenförmig und hohl, zumeist etwas bauchig erweitert und glatt. Sie überragen nie den Stängel. Die Hauptzwiebel ist länglich und mit häutigen Außenschuppen, die nicht zerfasern, umgeben. Fast immer sitzen ihr einige Nebenzwiebeln an. Die vielen Sorten der Lauchzwiebel können unterschiedlichste Größen erreichen, die kleinsten kommen auf knapp 25 cm, während die Riesen unter den Lauchzwiebeln über einen Meter hoch werden.
Die Röhrenzwiebel bevorzugt lockeren, eher kalkhaltigen, auch steinigen Boden mit hohem Nährstoffgehalt. Sie kommt in Mitteleuropa sehr selten verwildert vor, Standorte sind nur aus Liechtenstein und dem Kanton Aargau in der Schweiz bekannt. Ursprünglich stammt die Lauchzwiebel aus Südsibirien im Altai und aus der Gegend

um den Baikalsee. Ihr Hauptanbaugebiet liegt in Ostasien und in China gehört die Winterzwiebel zu den gebräuchlichsten Gewürzkräutern. Dort wird die gesamte Pflanze verwendet. Wegen ihrer Kälteverträglichkeit und ihren geringen Ansprüchen an den Boden war und ist sie eine beliebte Kulturpflanze, vor allem in Gebieten, in denen die Küchenzwiebel aus klimatischen Gründen nicht mehr angebaut werden kann.

Durch die vielen Tochterzwiebeln entsteht ein horstartiger Wuchs, der büschelartige Stauden ergibt.

Die Lauch- oder Röhrenzwiebeln können für die Blattnutzung wie beim Schnittlauch mehrjährig verwendet oder für Jungzwiebeln mit Ganzpflanzenernte einjährig gepflanzt werden. Sie sind winterharte, ab dem zeitigen Frühjahr sehr jung und mit Laub geerntete Zwiebeln, bei denen die bauchig aufgetriebenen, schlauchförmigen und schmalen Blätter mitgegessen werden können. Die Zwiebeln sind wegen der vorzeitigen Ernte nicht vollständig ausgebildet, besitzen eine klar weiße oder leicht rosa Farbe und sind saftig und besonders mild im Geschmack.

Der Name „Lauchzwiebel" könnte dazu verleiten, die Art als jungen Porree zu sehen, die schlauchfömigen Blätter zeigen jedoch deutlich den Unterschied zur zweizeiligen Anordnung der flachen Blätter beim Porree. Ebenso fälschlich ist die Zuordnung zur Küchenzwiebel, die Lauchzwiebel stellt eine eigenständige Art dar. Verwirrend ist dabei natürlich, dass auch junge Küchenzwiebeln am Markt als Jungzwiebeln angeboten werden.

Jungzwiebeln werden bevorzugt als Salate, als Gemüsedip oder einfach nur gesalzen roh gegessen, sie eignen sich aber auch gut zum Dünsten, Schmoren oder Braten. Besonders in der asiatischen Küche sind sie sehr beliebt. Als „Japanischer Lauch" haben sie in China und Japan eine hohe wirtschaftliche Bedeutung als Gewürz- und Gemüsepflanze.

SORTEN

'Winterhecke'

Diese Sorte ist winterhart und kann auch für längere Zeit am selben Standort gezogen werden. Sie wird als Jungzwiebel verwendet oder die Schlotten werden wie Schnittlauch geschnitten. Geschmacklich ähnelt sie dem Schnittlauch und wird in der Küche ähnlich wie seine kleineren Verwandten verwendet. Die Sorte ist wie der Schnittlauch mehrjährig. Die Zwiebelbildung ist kaum vorhanden, nur eine schwache Verdickung oberhalb der Zwiebelscheibe ist bemerkbar.

'Laguna'

Die bis 50 cm langen Lauchzwiebeln sind sehr schnellwüchsig mit einem weißen Schaft ohne Zwiebelbildung. Die Schlotten sind kräftig, gut zu putzen und schnell zu bündeln. Die Sorte ist bei einer Aussaat im Glashaus (Folie) im September und frostfreier Kultur auch als Schnittlaucherersatz geeignet. Die Ernte kann dann von November bis Dezember erfolgen, wenn im Freiland die Schnittlauchsaison längst beendet ist. 'Laguna' ist nicht winterhart.

'Nandur'

Diese Sorte liefert sehr gleichmäßige Bundzwiebeln, mit steil aufrecht stehenden dunkelgrünen Schlotten ohne Zwiebelbildung. Die durchschnittliche Länge des Schafts beträgt 20 cm und der Weißanteil ist scharf abgegrenzt. 'Nandur' ist relativ unempfindlich gegen Blattkrankheiten.

'Toga'

Diese Lauchzwiebel ist durch die rote Farbe des Schafts, der sehr lang ist, äußerst attraktiv. Sie besitzt ein mildes Aroma und ist vor allem für Salate ideal geeignet. Der Anbau kann von März bis Ende Juli erfolgen, die Ernte je nach Aussaattermin von August bis in den März, denn die Sorte ist winterhart.

'Rote von Florenz'

Diese Neuzüchtung besticht durch ihren roten Schaft, den milden Geschmack und das aufrechte, kräftig grüne Laub. Sie ist ausgezeichnet für den Frischverzehr, Salate und Soßen geeignet, wobei auch die Blätter einen hervorragenden Geschmack aufweisen.

'Evergreen Bunching'

Die Sorte ist ideal für den Frischverbrauch, als gesamte Pflanze (Lauchzwiebel) oder nur für den Schnitt der Schlotten. Der Geschmack ist eher mild und die Schäfte sind rein weiß. Die Aussaat erfolgt ab März, wobei bei früher Saat ab Juni geerntet werden kann.

'Winterheckenzwiebel, rotstielig'

Diese auch in Japan sehr beliebte Sorte ist zart im Geschmack und wird deswegen neben ihrer Verwendung als Schnittlaucherersatz auch als Lauchzwiebel genutzt.

Porree *Allium porrum*

FAMILIE: Lauchgewächse *(Alliaceae)*, früher Liliengewächse *(Liliaceae)*

ANDERE NAMEN: Lauch, Winterlauch, Breitlauch, Küchenlauch

Der Name „Porree" (neuhochdeutsch, 16. Jahrhundert) ist vom französischen *porée* entlehnt, das auf das lateinische *porrum* (Lauch, Schnittlauch) zurückgeht. Interessanterweise gab es schon im Mittelalter den Ausdruck „phorro" (althochdeutsch, 9. Jahrhundert) für den Winterlauch.

Der Blütenstand ist 5 bis 8 cm groß, fast kugelig und trägt sehr viele rosa gefärbte Blüten auf 2 bis 3 cm langen Blütenstielen. Der Stängel ist rund und im unteren Bereich beblättert. Die Blätter sind 2 bis 4 cm breit, bei den Kultursorten meist noch breiter, blaugrün und zeigen eine kräftige Nervatur. Der Porree kann insgesamt eine Größe von einem Meter erreichen.

Der Winterlauch bevorzugt reich gedüngten Untergrund, wobei neben lockeren, sommertrockenen Böden auch feuchte und tonige dienen können. Er verwildert selten, zumeist in Weinbaugebieten oder in Nähe der Felder, in denen er kultiviert wird.

Herkunft: Der Porree stammt aus dem Mittelmeergebiet und ist eine Zuchtform des Ackerknoblauchs *(Allium ampeloprasum)*; es sind keine Wildformen bekannt.

Vom Porree werden zumeist die weißen Stangen (Schäfte) verwendet, die je nach Verwendung in unterschiedlich dicke Scheiben geschnitten werden. Auch hier kann beim Schneiden die Gefahr des Tränens auftreten, besonders bei den kräftigen Sorten des Winterporrees, die mehr dieser reizenden Substanzen aufweisen.

Porree ist ein ideales Wintergemüse, das sehr vitaminreich ist. Manche Sorten können bis zu 50 mg Vitamin C in 100 g Frischgewicht enthalten!

Nach der EU-Verordnung für Lebensmittelqualität wird Porree und Lauch in zwei Klassen eingeteilt: Porree/Lauch der Klasse I muss von guter Qualität sein und die sortentypischen Merkmale gut erkennbar aufweisen, ein Drittel der Gesamtlänge muss mindestens (oder die Hälfte des von Blättern umhüllten Teils) weiß oder grünlich weiß gefärbt sein.

Porree/Lauch der Klasse II muss zu mindestens einem Viertel der Gesamtlänge (oder einem Drittel des von Blättern umhüllten Teils) weiß oder grünlich weiß gefärbt sein.

Für die Stärke der Porreestange gelten folgende Vorgaben: Der Durchmesser des Frühporrees oder Frühlauchs muss mindestens 8 mm betragen (über der Aufwölbung des Halses gemessen), bei sonstigem Porree/Lauch 10 mm. In der Klasse I darf der Durchmesser der dicksten Stange in einer Packung nicht mehr als doppelt so groß sein wie der Durchmesser der dünnsten Stange.

SORTEN

Im Handel gibt es mittlerweile eine Vielzahl von Sorten von Porree, wobei man beim eigenen Anbau darauf achten sollte, langschaftige Sorten mit eher steil nach oben stehendem Laub zu ziehen.

'Bavaria'

ist eine schnellwüchsige Sorte mit langen Schäften und hohem Ertrag schon ab dem Spätsommer bis zum ersten Frost. Die Pflanzen zeichnen sich durch blaugrünes, kräftiges Laub aus und können ab März auf sonnigen Standorten ausgesät werden. Sie werden gerne als Rohkost, als aromatisch mild schmeckendes Stangengemüse, für Suppen, Pizzen, Quiches und Nudelaufläufe verwendet.

'Blaugrüner Herbst'

Bei Frühjahrsanbau können die Stangen im Herbst geerntet werden; es ist eine schnellwüchsige Sorte, die jedoch nur leichten Frost verträgt und nicht winterhart ist.

'Blaugrüner Winter'

Im Gegensatz zum „Blaugrünen Herbst" gilt dieser Porree als gute Wintersorte, die widerstandsfähig gegen Frost ist.

'Blauer Winter-Porilux'

Frostresistenz und Robustheit zeichnen diese Sorte aus, die ab Herbst mit Überwinterung bis ins Frühjahr zu ernten ist. Sie besitzt dicke, mittellange Schäfte. Die Aussaat kann ab Februar ins Saatbeet und ab April ins Freiland erfolgen.

'Blaugrüner Winter-Arkansas'

ist eine besonders frostresistente Sorte mit dicken fleischigen Blättern und hohem Schaft. Die Aussaat erfolgt von Mai bis Juni, geerntet kann ab November werden, bei guten Verhältnissen bis in den Mai.

'Blaugrüner Winter-Alaska'

Eine Sorte mit breiten Blättern und langem, dickem und rein weißem Schaft. Dieser Porree ist winterhart und wird bei Frühjahrsaussaat im Winter bis in den Jänner des nächsten Jahres geerntet.

'Bulgaarse Reuzen'

Eine nicht winterharte Sorte, die durch den hohen Schaft der Pflanzen einen guten Ertrag bringt. Die relativ widerstandsfähigen Lauchpflanzen brauchen in der Wachstumsperiode im Sommer ausreichend Feuchtigkeit. Die Aussaat erfolgt ab März, die Ernte von September bis November.

'Davinci' F1
Diese Sorte ist sehr widerstandsfähig gegen die beim Porree auftretende Blattfleckenkrankheit und gilt als gute Herbstsorte.

'Elefant'
Eine sehr robuste Sorte für die Sommer- bis Herbsternte. Sie zeichnet sich durch frühe Reife aus. Die Schäfte haben eine mittlere Dicke. Im Februar im Saatbeet gehalten, können die Porreepflanzen ab April ins Freiland gesetzt und bei guten Bedingungen ab Mitte Juli geerntet werden.

'Caretan 3'
Diese Porreesorte hat sehr dicke und mittellange Schäfte und ist frost-, jedoch nicht winterhart. Das heißt, eine Ernte ist bis in den Dezember möglich. 'Caretan 3' kann ab April direkt ins Freiland (oder ab Februar in ein Saatbeet) gepflanzt werden und ist ab Oktober zu ernten.

Knoblauch *Allium sativum*

FAMILIE: Lauchgewächse *(Alliaceae),* früher Liliengewächse *(Liliaceae)*
ANDERE NAMEN: Knoblich, Knobel, Knofel, Magenwurz, Stinkerwurz, Gruserich, Knoflak, Look
Im Althochdeutschen *chlofalauh* oder *chlobilauh* wandelt sich der Name zu *klobelouch* und schließlich zu *knobelouch.* Der erste Wortteil entspringt dem Wortstamm „kloiben", „klieben", also teilen, spalten, der zweite Wortteil ist vom indoeuropäischen Begriff *laukar* abzuleiten (siehe auch unter Bärlauch). Das lateinische *sativus* bedeutet angebaut, ausgesät oder angepflanzt.

Der Stängel des Knoblauchs ist aufrecht und in der unteren Hälfte beblättert. Die gesamte Pflanze kann eine Höhe von 40 bis 80 cm erreichen. Die flachen Blätter sind 1 bis 2 cm breit und zeigen auf der Unterseite einen deutlichen Kiel. Im Gegensatz zu den meisten Laucharten besitzt der Knoblauch keine dominierende Hauptzwiebel, sondern viele gleichwertige Nebenzwiebeln, die sich rund um die Hauptachse anordnen. Diese so genannten „Zehen" oder Tochterzwiebeln sind mit einer weißlich grünen bis violetten Haut umgeben und stecken in einer trockenen, weißlichen Hülle von Häuten, die den Zehen anliegend deren Form nachzeichnet. Dadurch entsteht im Gegensatz zur glatten klassischen Zwiebelform die typische Gestalt der Knoblauchzwiebel.
Der Knoblauch ist mehrjährig und vermehrt sich vor allem über seine zahlreichen Zwiebeln (Zehen).
Der Blütenstand besteht aus einer Scheindolde mit wenigen weißen Blüten, wobei die Anzahl der oft bis 1 cm großen Brutzwiebeln überwiegt. Das lange Hüllblatt umschließt den Blütenstand, überragt diesen anfänglich spornartig und fällt später ab. Die Blüten sind zartrosa oder grünlich weiß und sitzen auf 2 bis 4 cm langen Blütenstielen.
Knoblauch blüht von Juni bis August. Die Knoblauchzwiebeln werden von September bis Oktober geerntet und wurden früher zu Bündeln gebunden oder zu Kränzen geflochten und getrocknet.
Das Ursprungsgebiet des Knoblauchs wird im zentralen Asien vermutet. Er dürfte aus der Art *Allium longicuspis* hervorgegangen sein, die noch heute in Kasachstan kultiviert wird und dort höhere Erträge liefert als der Knoblauch.
Gesichert ist, dass er eine uralte Kulturpflanze ist, die in allen Hochkulturen ihre oftmals mystische Verwendung fand.
Er wurde wie die Zwiebel von den Arbeitern beim Bau der ägyptischen Monumentalbauten gegessen, als stärkende Speise den Toten mitgegeben und sogar angebetet. Dem jungen ägyptischen Pharao Tutenchamun wurden sechs Knoblauchzwiebeln mitgegeben. Im Griechenland der Antike wurde er „stinkende Rose" genannt, war als Heilpflanze bekannt und als aggressiv machendes Mittel verschrien.
In Europa sind Spanien, Italien, Frankreich und die Balkanländer sein Hauptanbaugebiet, außerhalb davon ist es der gesamte Nahe Osten und weite Teile Zentralasiens. Ein berühmtes „Knoblauchgebiet" ist die Region um Lautrec in Südwestfrankreich, der „Ail rose de Lautrec", der rosa Knoblauch, der dort angebaut wird, ist in ganz Frankreich als Spezialität bekannt. In Spanien ist es das Gebiet der Mancha, in dem Tausende von Tonnen Knoblauch produziert werden. Nur ein geringer Teil davon wird exportiert, was nicht verwunderlich ist, wenn man weiß, dass der Pro-Kopf-Verbrauch von Knoblauch in Spanien rund 1,5 kg beträgt.
Knoblauch braucht lockeren, sandigen Boden, viel Wärme und gedeiht hervorragend in Gebieten mit regenarmen Sommern.

Schnittlauch *Allium schoenoprasum*

FAMILIE: Lauchgewächse *(Alliaceae)*, früher Liliengewächse *(Liliaceae)*
ANDERE NAMEN: Schnittel, Schnittling

Schoenoprasum bedeutet wörtlich übersetzt Binsenlauch, im Griechischen heißt *schoinos* Binse und *prasos* Lauch. Der wissenschaftliche Name soll vom Botaniker Carl von Linné wegen der Ähnlichkeit der Blätter mit der Binse gewählt worden sein.

Schon im Althochdeutschen finden wir mit *snitilouh* eine eindeutige Beschreibung der Pflanze: der Lauch, der sich schneiden lässt und immer wieder nachwächst.

Der englische Name „chive" (chive garlic) bedeutet auch Messer, womit wiederum der Hinweis auf den schneidbaren Lauch gegeben ist. Im Französischen findet sich in *ciboulette* oder *civette* der Wortstamm Zwiebel wieder genauso wie im italienischen *cipolla* oder *porraia* (Porree).

Der Blütenstand des Schnittlauchs ist kugelig bis halbkugelig und stets ohne Brutzwiebeln. Die Hüllblätter des Blütenstands sind deutlich kleiner als der Blütenstand. Die Blütenblätter der Einzelblüten sind rosa bis rot mit einem Stich ins Violette und

nicht sternförmig geöffnet, sondern einander zugeneigt. Der Stängel ist kaum länger als die Blätter, rund und glatt. Die Blätter sind grundständig, röhrenförmig und hohl. Die Zwiebeln des Schnittlauchs sind länglich bis länglich eiförmig. Meist stehen Schnittlauchpflänzchen dicht nebeneinander, sodass regelrechte Horste entstehen.
Der Schnittlauch wird heute in vielen Sorten angebaut, wobei die größten Züchtungen bis zu 60 cm lange Blätter besitzen.
Der Schnittlauch braucht nährstoffreichen und feuchten Boden, der nicht allzu verfestigt sein sollte. Er liebt auch den offenen Standort und keine Nebenpflanzen, damit erklärt sich auch, warum der Schnittlauch sich in Wiesen, auch wenn die Bedingungen für ihn optimal wären, nicht durchsetzen kann. Auf feinerdigen oder schlammigen Sandbänken mit wenig Bewuchs kann er verwildert aufkommen. Wild findet man den Schnittlauch nur in den Alpen auf feuchten Schutthalden und Schneeböden und in den höheren Lagen des Jura.

SCHNITTLAUCHSORTEN UND -UNTERARTEN

Allium schoenoprasum var. sibiricum

Diese Unterart aus dem nördlichen Asien ist eine vivipare (lebend gebärende) Unterart des Schnittlauchs, die fast ausschließlich ungeschlechtliche Brutzwiebeln statt Blüten hervorbringt. Sie hat einen milden Geschmack und wird gerne als Ersatz für den herkömmlichen Schnittlauch verwendet und ist sehr frostresistent.

'Feinröhriger'

Ein sehr – wie der Name schon sagt – feinröhriger, dichter Schnittlauch, der sehr starkwüchsig ist. Er ist auch für die Topfkultur geeignet. Die Aussaat erfolgt von April bis Juli, ab Mai kann bis in den November hinein geerntet werden.

'Grolau'

Die Sorte hat sehr starke Röhren, ist starkwüchsig und auch für die Topfkultur geeignet. Die Aussaat erfolgt von April bis Juli, ab Mai kann bis November geerntet werden. Diese Schweizer Sorte kann auch für den Gebrauch im Winter verwendet werden. Für diesen Zweck müssen die im Spätherbst ausgegrabenen Pflanzenballen eine Ruhezeit von sechs bis acht Wochen haben, wobei sie auch durchfrieren können. Sobald man sie eingetopft hat und warm stellt, treibt der Schnittlauch aus.

'Sterile'

Eine gutwüchsige Sorte, die keinen Samen ansetzt und daher nur durch Teilung vermehrt werden kann. Durch die fehlende Samenbildung bleiben die Blütenköpfe (ausgezeichnet an Salat!) viel länger zart und damit genießbar und die sehr dekorativen Blüten können über einen viel längeren Zeitraum als Speise verwendet werden. 'Sterile' ist sicherlich eine interessante Pflanze für das dekorative Anrichten von Speisen, sozusagen für „das Essen mit den Augen".

Etagenzwiebel *Allium proliferum*

FAMILIE: Lauchgewächse *(Alliaceae)*, früher Liliengewächse *(Liliaceae)*

ANDERE NAMEN: Luftzwiebel, Ägyptischer Zwiebel, Catawissazwiebel

Proliferum bedeutet „Brut tragend" und wird bei Pflanzen, bei der sich Jungpflänzchen auf der Mutterpflanze entwickeln, gerne als Artname verwendet.

Diese Zwiebelart hat eine Besonderheit: Es entwickeln sich am Ende der Röhre, die bei anderen Lauchgewächsen normalerweise die Blüten trägt, sechs bis acht kleine braune Brutzwiebelchen, die aber nicht abfallen, sondern schon auf der Mutterpflanze austreiben. Diese kleinen Zwiebeln auf der ersten Etage können wiederum einen Schaft mit Brutzwiebeln bilden, die ebenfalls Blätter und Wurzeln treiben. Ist die Stabilität dieses „Zwiebelhochhauses" nicht mehr gegeben und die Triebe senken sich auf Grund des vermehrten Gewichtes zu Boden oder die Pflanze wird durch Wind geknickt, verankern sich die Etagenzwiebeln der neuen Generation im Boden und es entstehen neue Pflanzen. Zusätzlich werden im dritten Jahr von der Mutterwurzel acht bis zwölf Nebenzwiebeln gebildet, die eine violette Farbschattierung aufweisen und ebenfalls der Verbreitung dienen.

Heutige Anbaugebiete sind Nordkaukasien, das Altai-Gebirge, die Taigazone Westsibiriens und das Gebiet um St. Petersburg.

Brutzwiebeln werden frisch gegessen oder ähnlich den Silberzwiebeln eingelegt. Sie enthalten fast doppelt so viel Vitamine wie die Küchenzwiebeln.

Ackerknoblauch *Allium ampeloprasum (Allium ophioscorodon)*

FAMILIE: Lauchgewächse *(Alliaceae)*, früher Liliengewächse *(Liliaceae)*

ANDERE NAMEN: Sommerlauch, Sommerknoblauch, Ackerlauch; ein Synonym ist der Schlangenlauch *(Allium ophioscorodon)*, wobei der Name „Schlangenlauch" auch für die Art *Allium scorodoprasum* verwendet wird.

Der Artname lässt sich wörtlich am besten mit Weinstock-Lauch übersetzen. Das griechische *ampelos* bedeutet Weinstock und das aus dem griechischen latinisierte *prasum* steht für Lauch.

Der Ackerknoblauch ist im Mittelmeergebiet, in Vorderasien und Südeuropa beheimatet und gedeiht dort wild auf Äckern und an Wegrändern. Die bis zu 50 cm langen Blätter umschließen den Stängel im unteren Drittel, sind dann flach und spitz zulaufend und zeigen auf dem Kiel auf der Blattunterseite und den Blatträndern kleine Zähnchen. Der Blütenstand ist anfangs mit einer Hülle umgeben, die nach dem Aufblühen abfällt. Durch mehrere hundert dicht stehende Blüten wirkt er wie ein kugeliger Schopf, der je nach Blütenfarbe weiß, rosa oder purpurn gefärbt ist.

Der Ackerknoblauch ist sehr formenreich, wobei zusätzlich Züchtungen aus der Urform in mehrere Richtungen liefen. Die „Endprodukte" dieser Zuchtserien, die alle ein unterschiedliches Ziel hatten, sehen einander kaum mehr ähnlich.

So wird er als Urform des Porrees *(Allium porrum)* angesehen.

Er wird auch als Riesenknoblauch mit riesigen Zehen gehandelt und gilt auch als Produzent der kleinen Perlzwiebeln.

Riesenknoblauch *Allium ampeloprasum (Allium gigantum)*

Der Riesenknoblauch hat, wie der Name schon sagt, sehr große Zehen in der Größe einer Pflaume. Die Pflanze bildet einen echten Blütenstand aus, der aber steril ist. Er ist feiner im Geschmack als der herkömmliche Knoblauch, verträgt Feuchtigkeit besser und braucht sehr wenig Sonne. Er kann bis in den späten Frühling gepflanzt werden, wobei die Pflanzabstände mindestens 25 cm betragen sollten, damit die reifen Zwiebeln genügend Platz haben.

Perlzwiebel *Allium ampeloprasum f. holmense*

ANDERE NAMEN: Italienischer Knoblauch, Rockenbolle, Rokambole

ANDERE SYNONYME: *Allium ophioscorodon, Allium sativum var. ophioscorodon, Allium porrum sectivum*

Das „f." steht für „forma" (Form) und bedeutet die kleinste natürliche Formengruppe innerhalb einer Art, das „var." für Varietät, das anzeigt, dass wir hier eine natürliche Untergruppe einer Art vor uns haben. Sie ist rangmäßig höher als die Form (Art – Unterart – Varietät – Form). Die durch Züchtung erreichte systematische Einheit innerhalb einer Art wird als Sorte bezeichnet und meist mit einem Eigennamen belegt. Die Schreibweise lautet entweder „cv." (cultivar, Kulturvarietät) oder der Name ist unter einfache Anführungszeichen gesetzt wie *Allium cepa* 'Stuttgarter Riesen'.

Die Perlzwiebel wird systematisch oft zum Knoblauch *(Allium sativum),* zum Porree *(Allium porrum)* oder zum Schlangenlauch *(Allium ophioscorodon)* gestellt. Das ist teilweise verwirrend, aber erklärbar. Der Ackerknoblauch ist die Urform einiger Kultur-

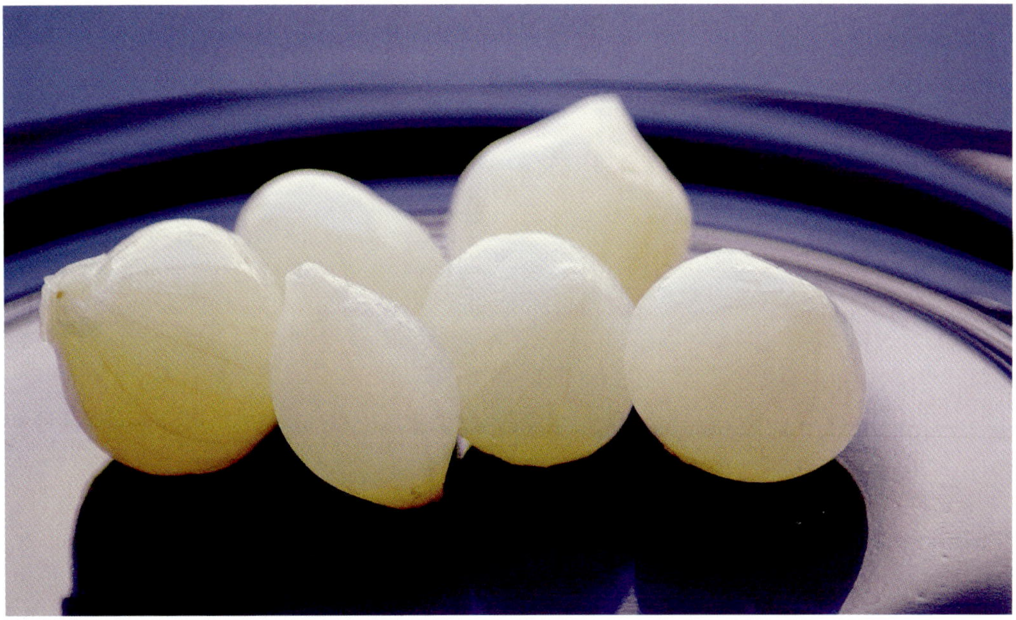

sorten und die großen Zehen der Perlzwiebel lassen in ihr einen „echten" Knoblauch vermuten. Zugleich gilt die Art *ophioscorodon* als Synonym, also ebenso verwendeter Name für die unter dem Namen „Ackerknoblauch *(Allium ampeloprasum)*" beschriebene Pflanze. Der oft im oberen Bereich gedrehte Stängel ist der Hintergrund für den Namen „Schlangenlauch" (Schlangenknoblauch), eine verwirrende Namensgleichheit zur wilden Lauchart *Allium scorodoprasum,* für die dieser Name ebenfalls verwendet wird. Die botanisch-systematischen Hintergründe für solche verwirrenden Doppelbenennungen genauer zu beleuchten, würde zu weit führen. Wenden wir uns wieder der kleinen Rokambole zu.

Zur Blütezeit bildet die Pflanze einen langen gebogenen Stängel, an dem der Blütenstand sitzt, der jedoch rein aus Brutzwiebeln besteht.

Die eigentlichen Perlzwiebeln sind die die Hauptzwiebel in großer Zahl umgebenden, silbrig weißen Brutzwiebeln, die in den Achseln von bereits abgestorbenen Blättern entstehen. Sie erreichen eine Größe von 1 bis 2 cm im Durchmesser. Die Brutzwiebeln des Blütenstandes können ebenfalls als Rokambolen geerntet werden. Damit kann bei der Perlzwiebel sowohl oberirdisch als auch unterirdisch geerntet werden.

Die „rocambole", wie die Perlzwiebel in Frankreich und Italien genannt wird, kann sich durch diese „Zwiebelbrut" fortpflanzen, was auch in der Landwirtschaft und Gärtnerei genutzt wird. Im September gesteckt, startet sie ihr Wachstum im Frühjahr und im Juni können die Zwiebeln geerntet werden.

Auf dem Markt werden sowohl die zur Küchenzwiebel *(Allium cepa)* gehörigen Silberzwiebeln als auch die „unechten Perlzwiebeln" (sie sind Brutzwiebeln des Porrees) oft als Perlzwiebeln angeboten.

Wilde Lauche

Schon vor dem Import der Küchenzwiebel durch vor allem römische Legionäre war der Geruch von Lauch in den keltischen und germanischen Küchen und bei rituellen Handlungen wahrzunehmen.
In Mitteleuropa ist eine ganze Anzahl von Laucharten wild wachsend beheimatet, von denen viele auch als Gemüse oder Gewürz verwendet wurden.
Eine Auswahl der in Mitteleuropa am meisten verbreiteten Laucharten sei in alphabetischer Reihenfolge hier vorgestellt, wobei der Bärlauch, als prominentester „wilder Lauch", vorangestellt sei:

Bärlauch *Allium ursinum*

FAMILIE: Lauchgewächse *(Alliaceae),* früher Liliengewächse *(Liliaceae)*
ANDERE NAMEN: Bärenlauch, Hexenzwiebel, Judenzwiebel, Waldknoblauch, wilder Knoblauch, Wurmlauch, Zigeunerlauch, Zigeunerzwiebel, Rams
Der Ursprung des Namens „Bärlauch" ist nicht eindeutig: Stammt er von seinem Standort in den Wäldern, wo auch Bären ihren Lebensraum haben, oder weil Bären die Lauchpflanze nach dem Erwachen aus dem Winterschlaf gerne verzehren? Gesichert ist, dass schon der römische Gelehrte und Naturforscher Plinius einen „Lauch des Waldes" erwähnt, der „den Bären zugehörig" genannt wird: *„silvestre alium, quod ursinum vocant"*.
Der Name „Rams", wie der Bärlauch auch genannt wird, ist einer der ältesten indoeuropäischen Pflanzennamen und dürfte sich im Wortstamm von vielen Ortsnamen wie Ramsau oder Ramsbach wieder finden.
Die englische Bezeichnung „ramsons" ist direkt vom indoeuropäischen Wortstamm abzuleiten, „bear's garlic" drückt wie das französische „ail des ours" den (Knob-)Lauch des Bären aus.
Es ist anzunehmen, dass die Herkunft des Gattungsbegriffes Lauch mit dem Bärlauch in engem Zusammenhang zu sehen ist. Es lässt sich über das mittelhochdeutsche *louch* und *louh* (althochdeutsch) zum urnordischen *laukar* zurückverfolgen. Von hier führt eine Sprachlinie zum angelsächsischen *leak* und englischen *leek,* das sich verkürzt in der zweiten Silbe von „garlic" wieder findet. Laukar ist ein Runenzeichen (L) und gilt als Zauberwort, das dem Träger Gesundheit gewährt.
Die sternförmigen, in einer Trugdolde angeordneten weißen Blüten sitzen auf einem 20 bis 25 cm hohen Stängel, die beiden Blätter der Pflanze sind grundständig und weisen einen 5 bis 10 cm langen Blattstiel auf. Die Zwiebel ist länglich und von durchsichtigen Häuten umgeben.
Die Blütezeit des Bärlauchs erstreckt sich von Ende April bis Juni. Der Rams bevorzugt schattige feuchte Wälder mit humusreichem Boden. In feuchten Mulden und Tälern

der Hügelzone tritt er zumeist flächendeckend auf. Ein Auwald zur Zeit der Bärlauchblüte ist ein faszinierender Anblick: ein weißer Teppich von Blüten auf dem dunkelgrünen Hintergrund der Blätter, aus dem sich die dunklen und mächtigen Stämme der Augehölze erheben. Die reifen Pflanzen riechen intensiv nach Knoblauch, dessen Geruch sich bei Verletzung der Pflanze noch verstärkt.
Der Bärlauch ist seit Jahrhunderten eine beliebte Speise- und Würzpflanze und erlebt mit dem Wiederentdecken vieler Wildkräuter für die alternative und gehobene Küche eine Renaissance (siehe auch Kapitel „Zwiebel in der Küche").
Der Bärlauch wird auch gerne von Tieren gefressen, wobei man bei Kühen Vorsicht walten lassen sollte: Bei zu viel Bärlauchkonsum „knofelt" die Milch. Pferde fressen jungen Bärlauch ebenfalls gerne, bei reifem Bärlauch, der schon stark riecht, verweigern Pferde das Betreten größerer Flächen. Anscheinend verwirrt der Geruch die Tiere und sie fürchten, eventuelle Feinde nicht wittern zu können. Auch Läufer klagen beim Durchqueren größerer Flächen von reifem Bärlauch über Atembeschwerden und Schwindelgefühle.
Andererseits ist Bärlauch eine ideale Weide für Nektar suchende Insekten. Er stellt damit einen Treffpunkt für Bienen, Hummeln, Schwebfliegen und zahlreiche Schmetterlinge dar. Für die Verbreitung der Samen sorgen Ameisen (siehe auch Kapitel „Kunterbuntes Zwiebelalphabet").
Zugleich ist der Bärlauch auch eine beliebte Volksmedizin (siehe auch Kapitel „Von der Kraft des Lauchs") und wurde früher als mystische Pflanze verehrt.

Kantiger Lauch *Allium angulosum*

FAMILIE: Lauchgewächse *(Alliaceae)*, früher Liliengewächse *(Liliaceae)*

Mit seiner sich kaum vom übrigen Pflanzenschaft abhebenden, nur von Häuten umgebenen Zwiebel wirken die unterirdischen Teile dieses Lauchs wie eine „Porree-Miniaturausgabe". In den oberirdischen Organen wird der Unterschied aber deutlich. Der Blütenstand ist eine kaum gewölbte flache Scheindolde, die Blütenstiele sind kantig, bis zu 3 cm lang und tragen rosa gefärbte, sich sternförmig öffnende Blüten. Der 20 bis 60 cm lange Stängel mit den namensgebenden Kanten ist im unteren Bereich scharf dreikantig, unterhalb der Blüte zweikantig. Die im unteren Drittel den Stängel umgebenden Blätter sind flach, auf der Unterseite deutlich gekielt und auf der Oberseite leicht rinnenförmig. Der kantige Lauch benötigt nährstoff- und kalkreichen Boden mit Grundfeuchte. Daher findet man ihn in Flusstälern auf schlammigen, tonigen Böden. Er verträgt aber zeitweise Trockenheit und ist daher auch außerhalb des Schilfgürtels auf Wiesen anzutreffen.

Gekielter Lauch *Allium carinatum*

FAMILIE: Lauchgewächse *(Alliaceae)*, früher Liliengewächse *(Liliaceae)*

Der Blütenstand besteht aus einer lockeren Scheindolde mit oft nur wenigen (10 bis 20) rosaroten Blüten, die auf langen, meist gebogenen Blütenstielen sitzen. Die Blüten sind zumeist nur glockenartig geöffnet. Zwischen den Blüten sitzen in der Regel zahlreiche Brutzwiebeln. Das längste der den Blütenstand im ungeöffneten Zustand umhüllenden Hüllblätter ist länger als der Blütenstand und hängt herab. Der Stängel ist im unteren Drittel beblättert, wobei die flachen Blätter auf der Unterseite durch die Blattnerven drei- bis fünffach gekielt sind. Der gekielte Lauch bevorzugt lockeren kalkhaltigen Boden, wobei er sowohl auf Trockenrasen als auch auf Sumpfwiesen vorkommt. Seine Heimat ist die Türkei und Südosteuropa, wobei er den Alpenrand noch erreicht und seine Nordgrenze ungefähr an der Mainlinie hat.

Berg-Lauch *Allium montanum*

FAMILIE: Lauchgewächse *(Alliaceae)*, früher Liliengewächse *(Liliaceae)*

Der Blütenstand ist ca. 3 bis 5 cm groß und halbkugelig mit rosa Blüten auf kurzen Stängeln und stets ohne Brutzwiebeln. Der Hauptstängel ist dreikantig, die vier bis neun Blätter sind grundständig. Die Zwiebel ist länglich und mit einer zarten Haut umgeben. Der Berg-Lauch bevorzugt nährstoffreichen Boden mit steinigem Untergrund, Felsbänder und Schotterterrassen der Hügelstufe bis in die Gebirgsregionen Mitteleuropas. Der Hauptbereich seiner Verbreitung ist Südsibirien und Südosteuropa.

Kohl-Lauch *Allium oleraceum*

FAMILIE: Lauchgewächse *(Alliaceae)*, früher Liliengewächse *(Liliaceae)*

Die auch als Rosslauch bezeichnete Zwiebelpflanze weist einen Blütenstand mit wenigen auf gebogenen Blütenstielen sitzenden rötlichen Blüten und zumeist vielen dunkelrot gefärbten Brutzwiebeln auf. Manchmal sind nur Brutzwiebeln vorhanden. Der bis 70 cm hohe Stängel ist nur im untersten Bereich beblättert, wobei die halbrunden Blätter zur Blütezeit oft schon verwelkt und abgestorben sind und er damit als blattlos erscheint.

Die Zwiebel ist verhältnismäßig groß, an ihr sitzen oft einige Nebenzwiebeln.

Der Kohl-Lauch liebt warmes Klima und lockeren, nährstoffreichen Boden und ist auf Weinbergen, Weinterrassen, Trockenrasen und offenen Rainen zu finden. Nicht selten kann man ihn bis in eine Höhe von 1.800 m finden.

Prinzipiell wäre er wie der Schnittlauch verwendbar, die Stängel sind jedoch so hart, dass sie in Speisen verwendet als körnig und störend empfunden werden.

Schlangenlauch *Allium scorodoprasum*

FAMILIE: Lauchgewächse *(Alliaceae)*, früher Liliengewächse *(Liliaceae)*

Der Blütenstand des Schlangenlauchs ist kugelig und locker mit wenigen Blüten, die rot gefärbt sind und sich fast nie öffnen, sondern geschlossene Kelche darstellen. Zwischen den Blütenstielen sitzen ovale Brutzwiebeln, die schon zur Blütezeit Blätter austreiben können. Der bis zu 80 cm lange Stängel ist rund und im unteren Bereich beblättert. Die Blätter sind flach, auf der Unterseite gekielt und an den Rändern und am Kiel bewimpert. Die schlanke Zwiebel ist zumeist von mehreren Nebenzwiebeln umgeben.

Der Schlangenlauch ist eher anspruchsvoll, er benötigt nährstoffreichen, kalkhaltigen, lehmigen Boden mit genug Feuchtigkeit und warmes Klima. So bevorzugt er lichte Auwälder und feuchte Wiesen bis zu einer Seehöhe von 500 m.

Die Lauchpflanze war früher ein beliebter Knoblauchersatz und wurde sogar in Gärten angebaut. Man nimmt an, dass einige der Vorkommen des Schlangenlauchs in Mitteleuropa auf Verwilderung aus der Kultur zurückgehen.

Steifer Lauch *Allium strictum*

FAMILIE: Lauchgewächse *(Alliaceae)*, früher Liliengewächse *(Liliaceae)*

Der Blütenstand des Steifen Lauchs ist halbkugelig bis flach, wobei die rosa bis roten Blüten auf ihren kurzen Stielen sehr dicht stehen und insgesamt ein büschelartiges Aussehen vermitteln. Die Hüllblätter des Blütenstandes sind groß, überragen ihn jedoch nicht.

Der relativ kurze Stängel (15–50 cm) ist im unteren Drittel beblättert und unterhalb der Blüte deutlich dreikantig.

Die Blätter sind flach, auf der Unterseite schwach gerundet, jedoch nie gekielt.

Wohlriechender Lauch *Allium suaveolens*

FAMILIE: Lauchgewächse *(Alliaceae)*, früher Liliengewächse *(Liliaceae)*

Im kugeligen bis halbkugeligen Blütenstand dieses Lauchs sind nie Brutzwiebeln vorhanden und die rosa bis rot gefärbten Blüten öffnen sich nicht sternartig, wobei die Staubgefäße deutlich über die Blütenblätter herausragen. Der bis zu 50 cm hohe Stängel ist rund und zeigt eine deutliche Längsstreifung. Die wenigen (2–5) Blätter, die im unteren Teil den Stängel umgeben, sind flach und auf der Unterseite deutlich gekielt. Die an einen Wurzelstock erinnernde schlanke Zwiebel ist mit parallelen Fasern umgeben, in die die umhüllenden Häute zerfallen. Der Wohlriechende Lauch ist vor allem auf Sumpfwiesen und feuchten Wiesen mit kalkhaltigem Boden verbreitet. Durch die verstärkte Besiedlung in den letzten 50 Jahren ist das natürliche Verbreitungsgebiet wie der Uferbereich des Bodensees oder im Alpenvorland sehr eingeengt worden. Der Lauch wurde als gefährdet angesehen und unter Schutz gestellt.

Allermannsharnisch *Allium victoralis*

FAMILIE: Lauchgewächse *(Alliaceae)*, früher Liliengewächse *(Liliaceae)*

Der Name „Allermannsharnisch" kommt von der Zwiebelhülle, die mit dem Kettenhemd der Ritter verglichen wurde. Die Pflanze soll nach Volksglauben auch unverwundbar machen – „Aller Mannes Harnisch" (Rüstung). Sie sollte vor dem Bösen schützen und gegen Hexensprüche, Zaubereien und sogar gegen reale Waffen immun machen.

Der Allermannsharnisch wird zwischen 30 bis 60 cm hoch, die 20 bis 40 weißen Blüten sitzen auf einem beblätterten Stängel, was ihn vom Bärlauch unterscheidet. Die längliche Zwiebel ist mit einem dichten Fasernetz umgeben und kann an einem bis zu 10 cm langen unterirdischen Stängel sitzen.

Die Blütezeit ist von Juli bis August, der Lebensraum sind eher feuchte Matten, aber auch Weiden mit kalkarmem Untergrund. Die geschützte Lauchpflanze wächst bevorzugt in einer Gebirgslage von 1.000 bis 2.500 m.

Weinbergs-Lauch *Allium vineale*

FAMILIE: Lauchgewächse *(Alliaceae)*, früher Liliengewächse *(Liliaceae)*

Die rosaroten Blüten sitzen auf ca. 2 cm langen Stängeln in einem lockeren, kugeligen Blütenstand, in dessen Mitte zumeist zahlreiche Brutzwiebeln sitzen. Die Blätter umschließen an der Basis scheidenartig den Stängel und jedes schließt sich dann zu einer Röhre, die auf der Oberseite schwach rinnenartig eingedellt ist. Die Blütezeit ist von Juni bis August, wobei der Lauch eine Größe von 30 bis 70 cm erreicht.

Der Weinbergs-Lauch ist wahrscheinlich mit den Weinstöcken in der Römerzeit aus Südosteuropa nach Mitteleuropa importiert worden. Diese These wird auch durch sein Verbreitungsgebiet, das sich mit den Weinbaugebieten deckt, gefestigt. Er liebt sandigen, nährstoffreichen Boden und Wärme.

Zierende Lauche

Die oft sehr großen Blütenstände der Lauchpflanzen und ihr meist sehr attraktives Laub haben ihnen auch die Herzen der Gärtner geöffnet. In fast jedem Garten und in Parkanlagen sind die violetten „Blütenkugeln“ der Lauchpflanzen als zierende Elemente zu finden.
Es gibt weltweit ca. 450 Arten der Gattung Lauch und von vielen der gebräuchlichen Arten Zierformen als Unterarten und Sorten. Die bekanntesten Arten werden hier zusammengefasst.
Alle hier angeführten Pflanzen gehören zur Familie der Lauchgewächse *(Alliaceae)* mit Ausnahme der Meerzwiebel, die zu den Hyazinthengewächsen *(Hyacinthiaceae)* gehört.

Allium aflatunense

Gut für den Schnitt geeignete Lauchart mit kugeligem Blütenstand und violetten Blüten. Die Blütenstände der Sorte 'Purple Sensation' messen fast 10 cm im Durchmesser und sitzen auf bis zu 1 m hohen Stängeln. *Allium aflatunense* hat ihr natürliches Verbreitungsgebiet in Zentralasien.

Allium akaka

Die ausdauernde Zwiebelpflanze weist grundständige, oval-längliche blaugrüne Blätter und einen sehr kurzen Stängel mit rosa gefärbten sternförmigen Blüten auf, die schon im Frühjahr aufblühen. Die Pflanze ist klein (max. 15 cm Höhe) und stammt ursprünglich aus dem Kaukasusgebiet, dem Iran und der Türkei.

Schöner Lauch *Allium carinatum ssp. pulchellum (Allium pulchellum)*

Der Schöne Lauch wird von manchen Forschern als Unterart des Gekielten Lauchs gesehen, andere halten ihn für eine eigenständige Art.
Auf 30 bis 50 cm hohen Stängeln sitzen lockere, kugelige Blütenstände mit violetten trichterförmigen Blüten auf sehr langen, nickenden Blütenstielen. Bei der Sorte 'Alba' sind die Blüten strahlend weiß. Der Schöne Lauch gilt in Mitteleuropa wild vorkommend als ausgestorben, ist aber im Handel in Zierformen erhältlich und bildet durch Austrieb sehr schnell kleine Pölsterchen.

Allium cernuum

Diese Art zeigt zur Blütezeit von Juni bis August lockere im Gesamten hängende Dolden, ein Merkmal, an dem sie leicht zu erkennen sind. Die hellroten Blüten öffnen sich nicht vollständig sternfömig. Die Pflanze erreicht eine Gesamthöhe von rund 50 cm und wird gerne in Steingärten gesetzt.
Allium cernuum stammt aus dem nördlichen Nordamerika mit einem Verbreitungsgebiet bis Alaska.

Blauer Lauch *Allium caeruleum (Allium azrueum)*

Der Blaue Lauch hat lineale, im unteren Bereich den Stängel umfassende Blätter, die noch vor der Blüte absterben. Die rund 3 cm großen Blütendolden sind sehr dicht und bestehen aus bis zu 50 sternförmigen, intensiv blau gefärbten Blüten. Sie sitzen auf rund 60 cm hohen Stängeln. Die Pflanze stammt aus Nord- und Zentralasien.

Allium campanulatum

Der „Glockenblumen-Lauch", wie man ihn übersetzen könnte, weist lineale, den Stängel umfassende, rund 30 cm lange Blätter auf, die nach dem Blühen bald absterben. Die dichten Blütenstände sind mit einer Größe bis zu 6 cm eindrucksvoll, vor allem durch die glockenförmigen rosa Blüten. Die Art stammt aus den Vereinigten Staaten (Nevada und Kalifornien).

Sternkugellauch *Allium c(h)ristophii (Allium albopilosum)*

Ab Juni blüht diese Lauchart mit lilafarbenen Blüten in kugeligen Scheindolden. Die Blüten sitzen auf sehr langen, stabilen Blütenstielen und öffnen sich sternförmig, sodass der Blütenstand einem zartvioletten Feuerwerk gleicht.

Die Blütenblätter fallen nach der Samenbildung nicht ab, sondern bleiben als vertrocknete Sternchen erhalten. Das macht die Blüte des Sternkugellauchs zu einem beliebten Material für Trockensträuße.

Enzianlauch *Allium cyaneum*

Der aus Nordwestchina stammende Enzianlauch mit grundständigen, fadenartigen Blättern besticht durch seine nickenden stahlblauen Blüten.

Diese kleine Art erreicht höchstens 20 cm Wuchshöhe und ist ursprünglich eine Trockenrasenpflanze.

Gelber Lauch *Allium flavum*

Der Gelbe Lauch ist eine typische Pflanze des mitteleuropäischen Trockenrasens. Sein lockerer Blütenstand erinnert mit den nickenden, lang gestielten gelben Blüten an den Gekielten Lauch *(Allium carinatum)*. Er blüht im Juni und zeigt keine Brutzwiebeln in den Blütenständen. Auffallend sind die sehr langen Hüllblätter des Blütenstandes. Die Blätter sind silber- bis blaugrün und kontrastieren sehr gut zu den leuchtend gelben Blüten, wodurch der Gelbe Lauch ein häufig gepflanzter Zierlauch in Steingärten ist. Von dieser Art sind viele Sorten im Handel erhältlich.

Riesenlauch *Allium giganteum*

Diese Großform kann Blattlängen bis zu 1 m aufweisen und einen Stängel, der doppelt so hoch wie die langen Blätter werden kann. Die riemenförmigen Blätter sterben zumeist vor der Blüte ab, der rund 10 cm große, kugelige Blütenstand setzt sich aus vielen rosa gefärbten sternförmigen Blüten zusammen, die durch ihre langen Staubgefäße noch attraktiver werden.

Der Riesenlauch stammt aus Zentralasien. Im Handel sind viele Sorten erhältlich, er gilt als ein Klassiker unter den Zierpflanzen der Gattung Lauch.

Die Sorte 'Globemaster' ist mit ihren bis zu 20 cm im Durchmesser großen Blütenständen mit tiefvioletten Blüten eine beliebte Zierpflanze.

Blauzungenlauch *Allium karataviense*

Diese Art besitzt nur zwei bis drei kräftige, breite graugrüne Blätter, die vor der Blüte erscheinen, am Boden anliegen oder halbkreisfömig nach unten gebogen sind. Sie gaben dem Lauch auch seinen Namen.

Er stammt aus Turkestan und kommt in den heißen, im Winter aber auch sehr kalten Steppenlandschaften Asiens vor.

Die grauweißen Blüten stehen in kugeligen Blütenständen und blühen von Mai bis Juni auf. Die Pflanze wird bis 25 cm hoch, bevorzugt heiße trockene Lagen und ist daher für Steingärten mit südlichen Lagen ideal geeignet.

Goldlauch *Allium moly (Allium molly)*

In halbkugeligen Blütenständen sitzen bis zu 40 Einzelblüten von schwefel- bis goldgelber Farbe. Der mehrjährige Goldlauch ist eine ideale Pflanze für Steingärten und Einfassungen, die rasenartig verwildern und so auch als Bodendecker dienen kann.

Die Heimat des Goldlauchs ist die spanische Halbinsel und das Mittelmeergebiet.

Die Blütezeit ist von Mai bis Anfang Juli, die Zwiebeln sollten ab September, solange der Boden offen ist, ca. 10 cm tief in Abständen von 5 bis 10 cm gesteckt werden.

Der Goldlauch wird immer wieder mit der mächtigen Zauberin Circe aus der „Odyssee" des griechischen Dichters Homer und mit der Goldmacherkunst der Alchimisten in Verbindung gebracht. Seine intensive Blütenfarbe und seine offensichtliche Zugehörigkeit zu den in der Antike für „magische Pflanzen" gehaltenen Zwiebelpflanzen dürfte der Hintergrund zu diesen Mutmaßungen sein.

Allium obliquum

Auch bei dieser Art umfassen die linealen Blätter den unteren Bereich des Stängels, auf dem in einer Höhe von 50 cm eine reich mit blassgrünen Blüten gefüllte Dolde sitzt. Die Art hat ihre natürliche Verbreitung in Osteuropa (Rumänien), Zentralasien und Sibirien.

Allium oreophilum *(Allium ostrowskianum)*

Der attraktive Lauch aus der Osttürkei, dem Kaukasus und aus Zentralasien zählt sicher zu den farbenprächtigsten Arten. Die kugeligen Blütenstände tragen intensiv dunkelrosa gefärbte Blüten, die sich erst trichterförmig und zur vollen Blüte sternförmig öffnen. Im Handel sind viele Sorten dieser Art erhältlich.

Allium rosenbachianum

Die bis zu 60 cm langen Blätter dieses Lauchs sind bereift grün, riemenförmig und grundständig. Die im Sommer auftretenden Blütenstände sind eindrucksvoll, ca. 10 cm im Durchmesser, fast kugelig und mit sternförmigen violetten Blüten. Er erreicht eine Höhe von rund 1 m und stammt ursprünglich aus Zentralasien.

Schuberts Lauch *Allium schubertii*

Die grundständigen Blätter von „Schuberts Lauch" sind riemenförmig und leuchtend grün und sterben noch vor der Blüte ab.
Die Blütenstände, die im Frühsommer erscheinen, sind bis zu 25 cm breit und besitzen bis zu 50 blasspurpurne sternförmige Blüten.
Die bis zu 60 cm große Pflanze ist vom östlichen Mittelmeergebiet bis Zentralasien beheimatet.

Meerzwiebel *Urginea maritima*

FAMILIE: Hyazinthengewächse *(Hyacinthaceae)*
Die Meerzwiebel gehört zwar nicht zur Gattung *Allium,* wird hier jedoch angefügt, weil der deutsche Name „Meerzwiebel" sie deutlich zu den Zwiebeln stellt.
Die riesigen, bis 15 cm im Durchmesser messenden Zwiebeln ragen meist über die Bodenkrume und bilden bis zu 1 m lange, hellgrün gefärbte Blätter, die mehrere Zentimeter breit sind. Sie verwelken noch vor der Blüte, die vom Spätsommer bis Herbst erscheint. Die weißen sternförmigen Blüten mit einem dunklen Mittelstreifen auf den Blütenblättern sitzen in einer Vielzahl in einer Scheindolde auf einem bis zu 150 cm hohen Stängel.
Die Meerzwiebel besitzt geflügelte Samen und ist in Küstennähe im gesamten Mittelmeergebiet anzutreffen.
Die äußerst giftigen Zwiebeln und Blätter werden von weidenden Tieren gemieden und ihr Extrakt wurde früher in der Medizin und als Rattengift verwendet.

4

von der kraft des lauchs

DER HOHE VITAMINGEHALT UND DIE HEILKRAFT DER LAUCHPFLANZEN SIND WISSENSCHAFTLICH BELEGT: SO WERDEN ETWA KNOBLAUCHDRAGEES VIELFACH GEGEN ARTERIENVERKALKUNG UND BLUTHOCHDRUCK EINGESETZT. DOCH AUCH IN DER VOLKSMEDIZIN UND IN UNSEREN ERNÄHRUNGSGEWOHNHEITEN IST DAS WISSEN UM DIE WIRKSTOFFE DER LAUCHPFLANZEN SEIT JAHRHUNDERTEN VERANKERT.

Im Zuge der alternativen Gesundheitsbewegung wurden in den letzten Jahrzehnten die Inhaltsstoffe vieler Pflanzen wissenschaftlich untersucht. Damit erhielten unsere alltäglichen Gemüse- und Obstsorten auf dem gesunden Speiseplan plötzlich einen ganz neuen Stellenwert. Durch dieses Umdenken entwickelten sich Zwiebel und Lauch von rein würzendem Beiwerk zu Trägern gesunder Ernährung. Was nicht weiter verwunderlich erscheint, wenn man die im Laufe der Zeit entwickelten Ernährungsgewohnheiten der verschiedenen Kulturkreise betrachtet. Knoblauch, Zwiebel und andere Laucharten gehören – auch ohne wissenschaftliche Analyse – seit Jahrhunderten zum Speiseplan und liefern neben ihrem typischen Geschmack viele notwendige Vitamine und Mineralstoffe.

So dienten Zwiebeln den Seeleuten auf langen Seereisen als Vitaminspender und frischer Knoblauch mit Olivenöl und Weißbrot ist noch heute ein beliebter Snack im Mittelmeergebiet. Im Schatten eines mächtigen Olivenbaumes sitzend essen Spanier, Portugiesen oder Griechen einst wie heute das in Olivenöl getränkte Weißbrot und die saftigen Zehen des *ajo, alho* oder *skordo.*

Energiewerte

Der Energiewert der Lauchgewächse kann als durchschnittlich für Blattgemüse bezeichnet werden. Zwiebel, Porree und Co sind kalorienarm, dafür reich an Inhaltsstoffen. Als einziger Ausreißer im Energiegehalt zeigt der Knoblauch einen höheren Wert. Die Kompaktheit und der geringere Wassergehalt der Knoblauchzehen und seiner engsten Verwandten spiegeln sich auch im Energiehaushalt wider. Zugleich darf nicht vergessen werden, dass bei den anderen Zwiebelarten ja alle essbaren Teile, also auch die Blätter, mit gemessen werden.

ENERGIEWERT VON 100 G

	ENERGIE	
	kcal	kJ
FRÜHLINGSZWIEBEL	23	98
KNOBLAUCH roh	139	581
PORREE roh	25	104
SCHNITTLAUCH roh	27	113
ZWIEBEL roh	28	118
ZWIEBEL getrocknet	198	828

QUELLE: GU-NÄHRWERTTABELLE, 2000

Hauptnährstoffe

Auch bei den Nährstoffen entspricht die prozentuelle Verteilung von Eiweiß, Fett und Kohlehydraten dem Durchschnitt von Blattgemüse. Auch hier nimmt Knoblauch eine Ausnahmestellung ein. Wertvoll sind die hohen Anteile an mehrfach ungesättigten Fettsäuren im Fettanteil der Lauchgewächse. Ungesättigte Fettsäuren sind wichtig für den Spiegel des Fettgehalts im Blut. Cholesterin wird in der Medizin in zwei Formen unterschieden, als „böses" Blutfett Triglycerid und als „gutes" HDL-Cholesterin (High Density Lipoproteins = Lipoproteine hoher Dichte). Ungesättigte (vor allem Omega-3-)Fettsäuren senken das gefährliche Blutfett und heben den HDL-Pegel, was als eindeutige vorbeugende Maßnahme gegen Arterienverkalkung angesehen werden kann.

HAUPTNÄHRSTOFFE VON 100 G

	EIWEISS (PROTEIN)	FETT GESAMT	FETT MUF	KOHLEHYDRATE VERWERTBAR	KOHLEHYDRATE BALLASTSTOFFE
	g	g	g	g	g
FRÜHLINGSZWIEBEL	2,0	0,5	+	3,0	1,5
KNOBLAUCH roh	6,1	0,1	0,1	28,4	*
PORREE roh	2,2	0,3	0,2	3,2	2,3
SCHNITTLAUCH roh	3,6	0,7	0,4	1,6	6,0
ZWIEBEL roh	1,3	0,3	0,1	4,9	1,8
ZWIEBEL getrocknet	10,8	0,9	+	35,3	36,5

QUELLE: GU-NÄHRWERTTABELLE, 2000

+ = in Spuren; * = keine Daten; MUF = mit ungesättigten Fettsäuren

Mineralstoffe

Lauchgewächse sind reich an Mineralstoffen, besonders an Kalium, Kalzium und Eisen. Kaliumreich sind vor allem Schnittlauch, Frühlingszwiebel und Porree. Roher Schnittlauch kann generell als ideale Mineralstoffzufuhr angesehen werden. Knoblauch enthält eine außergewöhnlich hohe Menge Phosphor. Der niedrige Gehalt an Natrium bei Lauchgewächsen ist ideal für die Ernährung bei Bluthochdruck. Dabei können die Lauchgewächse mit ihrer Würze den Zusatz von Salz ersetzen. Bei zu hohem Harnsäuregehalt und Gicht empfiehlt sich, bei der Ernährung auf Zwiebel zurückzugreifen, da die durch ihren Genuss gebildete Menge an Harnsäure äußerst gering ist.

MINERALSTOFFE IN MG VON 100 G

	Na	K	Ca	P	Ma	Fe	Fl
FRÜHLINGSZWIEBEL	7	260	39	29	12	1,9	*
KNOBLAUCH roh	*	*	38	134	*	1,4	*
PORREE roh	5	235	87	46	18	1,0	0,01
SCHNITTLAUCH roh	3	434	129	75	44	1,9	*
ZWIEBEL roh	9	135	31	42	11	0,5	0,04
ZWIEBEL getrocknet	105	1040	162	243	*	3,3	*

QUELLE: GU-NÄHRWERTTABELLE, 2000

* = keine Daten

Vitamine

Auch der Vitamingehalt von Lauchgewächsen kann sich sehen lassen. Im Vergleich zur Vorzeigefrucht für gesunde Ernährung, dem Apfel, enthalten Frühlingszwiebeln die 25fache, Porreestangen sogar die 40fache Menge an Vitamin A. Während der Gehalt bei Vitamin E gleich oder knapp unter dem „Vergleichsapfel" liegt, haben die Lauchgewächse bei der Vitamin-B-Gruppe höhere Werte. Bei Vitamin C zeigt interessanterweise nur die Zwiebel einen niedrigeren Wert als der Apfel.

VITAMINE IN MG VON 100 G, VITAMIN A IN µG

	A	E	B_1	B_2	Niacin	B_6	C
FRÜHLINGSZWIEBEL	103	0,1	0,05	0,03	*	0,13	26
KNOBLAUCH roh	*	0,01	0,20	0,08	0,6	*	14
PORREE roh	167	0,5	0,09	0,07	0,5	0,26	26
SCHNITTLAUCH roh	50	*	0,14	0,15	0,6	*	47
ZWIEBEL roh	1	0,1	0,03	0,03	0,3	0,13	10
ZWIEBEL getrocknet	43	*	0,26	0,18	1,1	0,50	42

QUELLE: GU-NÄHRWERTTABELLE, 2000

* = keine Daten

Spurenelemente

Sie sind wichtig für unseren Körper. Sie stellen wichtige Bausteine für Hormone, Enzyme und andere körpereigene Stoffe dar. Die Lauchgewächse weisen auch einen hohen Gehalt an Spurenelementen auf. Die Vergleichswerte mit einem Apfel zeigen das sehr deutlich.

GEHALT AN SPURENELEMENTEN IN µG VON 100 G

	Jod	Zink	Kupfer	Mangan	Chrom	Selen
KNOBLAUCH	3	575	149	460	*	6
PORREE	1	310	53	190	3	1
ZWIEBEL	2	220	46	84	16	1
APFEL	1	103	53	48	4	1

QUELLE: GU-NÄHRWERTTABELLE, 2000

* = keine Daten

Heilkraft der Küchenzwiebel

DROGENBEZEICHNUNG: ALLII CEPAE BULBUS (früher BULBUS ALLII CEPAE)

Als Droge werden in der Apothekersprache die wirksamen Teile der Pflanze bezeichnet. Da die Sprache der Ärzte und Apotheker in früheren Zeiten Latein war, haben sich diese Begriffe aus der Historik gehalten und werden noch heute verwendet. Genannt werden immer die Pflanze im „besitzergreifenden" 2. Fall und das Organ, das von der Pflanze verwendet wird. So würde „ALLII CEPAE BULBUS" wörtlich übersetzt „Zwiebel der Küchenzwiebel" heißen und „ALLII URSINI HERBA" „Kraut des Bärlauchs".

Inhaltsstoffe

Alliin, Allicin, Polysulfide, Propanthialoxid (es bewirkt das Augentränen beim Zwiebelschneiden), Flavonoide (in der Zwiebelschale)

Vor allem gelb- und braunschalige Sorten sind sehr reich an dem Flavonoid Quercetin, das eine starke antioxidative Eigenschaft aufweist.

Heilwirkung der Zwiebel

Frische Zwiebeln wirken sekretionsanregend, verdauungsfördernd, appetitsteigernd und wassertreibend. Sie werden aber auch vorbeugend gegen Grippe, Schnupfen und Halsentzündung und lindernd bei Husten eingesetzt.

Weiters wird die Zwiebel schon seit langer Zeit als vorbeugende Behandlung altersbedingter Gefäßerkrankungen (Arteriosklerose) eingesetzt. Durch diese Förderung der

Durchblutung wird der Zwiebel auch eine Steigerung der sexuellen Leistungsfähigkeit zugeschrieben. Darüber hinaus gilt die Zwiebel als hervorragendes Antiseptikum.
Bei Untersuchungen konnten bei der Zwiebel auch antimikrobielle, die Blutgerinnung hemmende und den Blutzucker und die Blutfettwerte senkende Eigenschaften beobachtet werden.
Auch äußerlich kann die Zwiebel angewendet werden: Wichtig ist ihr Einsatz bei Insektenstichen und Blutergüssen. Eine frisch angeschnittene Zwiebel auf die Stichstelle gepresst, mindert die Schwellung und den Juckreiz. Die Wirkung um die Sofortbehandlung bei Stichen von Bremsen, Wespen und anderen unangenehmen Zeitgenossen aus der Gruppe der Insekten ist schon lange im Volkswissen verankert. So ist man noch heute auf vielen Bauernhöfen bei einem Insektenstich mit einer frisch durchgeschnittenen Zwiebel schneller bei der Hand als mit Cremes oder Sprays.

Zwiebel in der Homöopathie

Das Homöopathikum „Allium cepa" wird aus frischen Zwiebeln hergestellt und gegen Ohrenschmerzen, bei Erkältungsschnupfen, Bronchitis und Nebenhöhlenentzündungen angewendet; ferner bei Schmerzzuständen an verletzten Nerven und bei Amputationen.

Zwiebel als Hausmittel

Die Zwiebel wird in vielerlei Formen gegen Husten und Erkältungskrankheiten angewendet: Entweder mehrmals am Tag klein zerhackt löffelweise eingenommen oder den frisch gepressten Saft in heißer Milch verrührt getrunken.

Zerstoßene Zwiebeln mit Honig vermischt sollen besonders gegen Erkältungen und Zwiebelsirup soll gegen Husten und Keuchhusten helfen.

Zwiebelsirup: 1 Zwiebel, 3 EL Zucker, 125 ml Wasser

Die Zwiebel klein schneiden und mit Zucker vermischen, das Wasser aufgießen und einige Minuten kochen. Den Ansatz einige Stunden auskühlen lassen und auspressen. Der Sirup kann durch Beigabe von Honig noch verfeinert und in seiner Wirkung verstärkt werden. Ein bis zwei Teelöffel drei- bis fünfmal am Tag einnehmen.

Zwiebel und Schönheit

Zwiebeln werden auch in der Kosmetik verwendet: besonders zur Verbesserung der Kopfhaut und für die Tönung der Haare. Zwiebelhaarwasser täglich einmassiert stärkt die Kopfhaut. Zur Herstellung des Haarwassers werden fein gehackte Zwiebeln ein Monat in hochprozentigem Alkohol eingelegt, der Ansatz wird dann filtriert. Auch zur Tönung der Haare wird Zwiebel verwendet, wobei nach mehrmaligem Einreiben eine Brauntönung von blonden und auch grauen Haaren erzielbar ist. Das Färbemittel wird durch Kochen von gehackten Zwiebelschalen hergestellt.

Nebenwirkungen und Unverträglichkeit von Zwiebel

Bei empfindlichem Magen und Neigung zu Magen- und Darmgeschwüren sollte der Genuss von vor allem rohen Zwiebeln gemieden werden. Magenbeschwerden und Sodbrennen werden meist dem Verzehr von frischen Zwiebeln zugeschrieben.

Zwiebel und Tiere

Es muss deutlich darauf hingewiesen werden, dass Vergiftungen durch Zwiebel nur dann vorkommen, wenn sie in großen Mengen oder zeitweise ausschließlich verfüttert werden. Schon ein permanenter Futteranteil von über 25 % an Zwiebelpflanzen kann sich in Anämie (Blutarmut) äußern.

Dieser erhöhte Anteil an Zwiebeln in der Ernährung von Tieren kann weiters zu krankhaften Erscheinungen führen: Hier zeigen sich Rinder empfindlicher als Pferde. Bei Fütterung von mehreren Kilogramm Zwiebeln am Tag zeigen Kälber Diarrhö (Durchfall), Ataxie (Nervenkrankeit mit Störungen in der Zusammenwirkung einiger Muskelgruppen), Anämie (Blutarmut), Ikterus (Blutarmut) und Hämoglobinurie (Blutausscheidung im Harn).

Die Fütterung von gekochten Zwiebeln führt bei Hunden – von Rasse zu Rasse verschieden – zu starken Vergiftungen: Symptome sind Tachykardie (durch Krankheit bedingte beschleunigte Herztätigkeit), schwacher Puls und blasse Schleimhäute sowie eine hämolytische Anämie (Blutarmut, verursacht durch Auflösung der roten Blutkörperchen).

Als Therapie werden Entgiftung und Bluttransfusionen empfohlen.

Heilkraft des Knoblauchs

DROGENBEZEICHNUNG: Knoblauchzwiebel ALLII SATIVI BULBUS (früher BULBUS ALLII SATIVI)

Inhaltsstoffe

Allicin, Nicotinsäureamid, Hormone, die in ihrer Struktur den menschlichen Sexualhormonen ähneln, Fermente, Cholin, ätherische Öle (zumeist Schwefelverbindungen)

Für den intensiven Geruch des Knoblauchs ist die schwefelhaltige Verbindung Allicin (Diallyldisulfidoxid) verantwortlich. Sie wird bei Schädigung der Zellen (z. B. beim Zerschneiden oder Zerpressen) enzymatisch aus Alliin (S-2-Propenyl-L-Cystein-Sulfoxid) gebildet. Die ursprüngliche biologische Funktion dieser Duftentwicklung ist das Abschrecken und Vertreiben von Fressfeinden.

Die leichte Aromaveränderung bei frisch gepresstem Knoblauch wird durch den Abbau von Allicin zu Diallyldisulfid hervorgerufen.

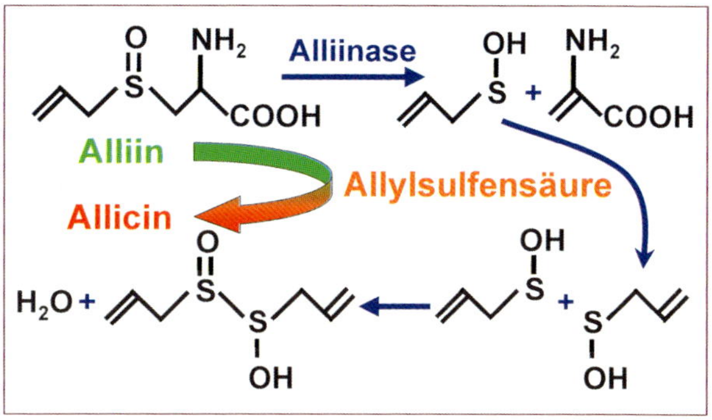

Bei Verletzung der Zellen entsteht aus dem unwirksamen Alliin durch das Enzym Alliinase Allylsulfensäure. Zwei dieser Moleküle bilden unter Wasseraustritt das tränentreibende Allicin.

Heilwirkung des Knoblauchs

Knoblauch wird seit Jahrtausenden zur Heilung und Vorbeugung verwendet. Schon der römische Gelehrte Plinius erwähnt über 60 Knoblaucharzneien. Europäer, Chinesen, Inder oder Perser glaubten und schwören heute noch auf die heilende Wirkung des Knoblauchs.

Knoblauch hilft bei Gärungsprozessen im Darm, damit verbundenen Blähungen und krampfartigen Schmerzen. Er erweitert die Blutgefäße, besonders in den Beinen, im Gehirn und im Augenhintergrund, was zu einer besseren Versorgung dieser Organe führt. Weiters senkt er den Cholesterinspiegel im Blut und senkt die Bereitschaft der roten Blutkörperchen, sich zusammenzuballen. Ebenso verringert er Alterungsprozesse im Gefäßsystem (Arteriosklerose). Als zusätzliche Unterstützung wird er bei Schlafstörungen, Bluthochdruck sowie bei allgemeiner Schwäche und Leistungsminderung eingesetzt.

Frischer Knoblauch wirkt auch antiseptisch. So wurde in beiden Weltkriegen Knoblauchsaft gegen Blutvergiftung und Wundbrand verwendet, wenn herkömmliche Arzneien nicht zur Verfügung standen und die Militärärzte zum Improvisieren gezwungen waren. Diese Erfahrungen konnten 1954 von einem russischen Wissenschaftler bestä-

tigt werden. Bei Versuchen vernichtete Knoblauchsaft innerhalb von drei Minuten eine ganze Bakterienkultur!
Knoblauchsaft hat noch eine weitere Wirkung, die in den 1970er Jahren wissenschaftlich bestätigt wurde: Er senkt den Blutzuckergehalt bei Diabetikern.

Knoblauch in der Homöopathie

Das Homöopathikum „Allium sativum" wird in der Dosierung D3 bis D6 bei chronischer Bronchitis und Verdauungsstörungen verwendet, ebenso gegen Rheuma-, Muskel- und Gliederschmerzen.

Knoblauch als Hausmittel

Der Knoblauch wird gegen alle Symptome und Krankheiten, die auch schon unter dem Punkt Heilwirkung erwähnt wurden, verwendet. Im Vordergrund stehen die Behandlungen gegen Erkrankungen der Atemwege wie Bronchitis und Keuchhusten und Erkrankungen der Verdauungsorgane.

Ein **Knoblauchhustensaft** wird folgendermaßen zubereitet: Fünf Knoblauchzehen werden zerquetscht, mit fünf Teelöffeln Zucker vermischt, in Wasser erhitzt und zum Sieden gebracht. Man lässt den Aufguss fünf Minuten ziehen und seiht ihn dann durch ein Tuch. Der Saft soll dann mehrmals am Tag löffelweise eingenommen werden.

Schon seit Jahrhunderten werden Knoblauchzehen in den Mittelmeerländern „so zwischendurch" gegessen, eine fast unbewusste Vorbeugung gegen Arterienverkalkung und das Altern der Gefäße.

Knoblauch und Schönheit

Knoblauch soll bei unreiner Haut helfen. So wird empfohlen, eine frische Knoblauchzehe auf die betreffende Hautstelle zu reiben. Diese Knoblauchhautkur wird besonders bei Befall von Akne angewendet.

Heilkraft des Bärlauchs

DROGENBEZEICHNUNG: Kraut ALLII URSINI HERBA (früher HERBA ALLII URSINI),
Zwiebel ALLII URSINI BULBUS (früher BULBUS ALLII URSINI)

Inhaltsstoffe

Lauchöl, Flavonoide, Biokatalysatoren, Fructosane, reichlich Vitamin C (Ascorbinsäure)

Hausmittel

Im Harz sagt man: „Ramsen im Mai, das ganze Jahr keine Arznei!" Und so mancher Arzt eröffnet den Patienten eine Bärlauch-Lebensweisheit: „Bärlauch essen soll man unter 40 Jahren freiwillig, über 40 ist es Pflicht!"

Bärlauch wird vorwiegend gegen Magen- und Darmstörungen, bei Appetitlosigkeit und Schwächezuständen verwendet. Auch gegen Arteriosklerose und Bluthochdruck wird er eingesetzt. Verwendet werden die zerhackten Blätter oder Bärlauchsaft. Um den intensiven Geschmack zu übertünchen, wird den Bärlauchtropfen oft Milch beigemengt. Bärlauch gilt als stärkere Medizin als sein zahmer Verwandter Knoblauch, dessen Kraft durch die Jahrtausende der Züchtung abgenommen haben soll.

Bärlauch entlastet wie Knoblauch Leber und Galle und unterstützt dadurch das Verdauen fetter Speisen.

Heilkraft der Lauchzwiebel *Allium fistulosum*

Die Lauchzwiebel gilt als stärkend und antibiotisch wirkend. Sie regt die Verdauung an, senkt den Cholesterinspiegel und kann durch die Verstärkung der Schweißbildung das Fieber mindern. Sie ist harntreibend und entzündungshemmend und wird in der chinesischen Heilkunde als Absud der frischen Pflanze im Anfangsstadium von Erkältungen und bei Katarrh nach Infektionen der Luftwege angewendet. Sie hilft bei Frostbeulen sowie Beschwerden und Verletzungen durch extreme Kälte. In der Traditionellen Chinesischen Medizin wird sie bei niedriger Yang-Energie eingesetzt.

5

zwiebelpflanzen

Zwiebelbiologie

Auch Zwiebeln haben einen Stamm

Zwiebelpflanzen haben, wie es sich für Sprosspflanzen, zu denen sie gezählt werden, gehört, drei Hauptorgane: Wurzel, Stamm und Blatt. Der Stamm jedoch ist bei Zwiebeln auf eine kleine Platte, die wir bei der Vorbereitung zum Kochen als Erstes abschneiden, reduziert. Sie wird Zwiebelscheibe oder Zwiebelkuchen genannt und ist ein extrem gestauchter Stamm, an dem unten die Wurzeln und oben die Blätter ansetzen. Die unteren Teile der Blätter beziehungsweise die Unterblätter sind fleischig verdickt und dienen als Speicher der in den oberen grünen Blattteilen produzierten Nährstoffe. Beim Porree und Lauchzwiebel sind keine Unterblätter vorhanden, die mehr oder minder starke zwiebelartige Verdickung wird durch den unteren Teil der den Schaft bildenden und später frei abstehenden Blätter gebildet. Bei der Zwiebel sind es die Unterblätter, die den Spross vollständig umschließen sowie die Zwiebel bilden und aus deren Mitte der Spross keimt. Bei vielen Lilien sind die Unterblätter schuppenartig ausgebildet.
Die Blätter der Zwiebel sind röhrenartig ausgebildet und beim Querschnitt durch die Zwiebel als Zwiebelringe erkennbar und dienen der Pflanze als Speicherorgan. Die Lagerung findet vor allem nach der Vegetationsperiode statt, wenn das Kraut, das in Fachkreisen als Schläuche oder Schlotten bezeichnet wird, sich gelb verfärbt und „einzieht".

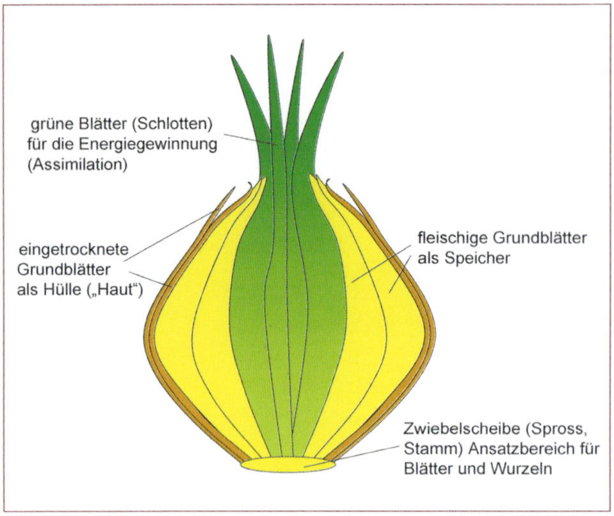

Schematischer Querschnitt durch die Küchenzwiebel

Die in der Zwiebel – auch Bolle, Bulbe oder *bulbus* genannt – gespeicherte Energie dient der Zwiebel im nächsten Jahr zum Austreiben und zur Bildung der Blüte. Da die Küchenzwiebel im ersten Vegetationsjahr generell nur Kraft sammelt, um im Folgejahr zu blühen, wird das in der Landwirtschaft und in der Gärtnerei genützt und die Zwiebel zur einjährigen Kulturpflanze ohne Blüte reduziert. Ziel ist hier nicht eine schöne Blüte und damit die Vermehrung, sondern eine vor Kraft strotzende, saftige und feste Zwiebel.

Zwiebelblüte

Der Blütenstand der Zwiebel sitzt auf einem röhrigen, meist blasig aufgeblähten Stängel und zeigt eine kugelige Doldenform. Die gestielten Blüten weisen sechs gleichartige Blütenblätter auf, wobei entwicklungsmäßig eigentlich zwei Kreise zu je

drei Kelch- und Kronblättern angelegt sind, die in der Botanik als Perigonblätter bezeichnet werden.
Innen befinden sich sechs Staubblätter (auch hier in zwei Kreisen zu je drei angelegt), die den Pollen beinhalten, und in der Mitte drei miteinander verwachsene Fruchtblätter, die den Fruchtknoten bilden.
Bei großblütigen Lilien ist diese Dreiteilung an der Form der Narbe (der oberste Teil des Fruchtknotens), an der der Pollen kleben bleiben soll, deutlich zu erkennen.
Die Samen sind schwarz und eckig und bilden eine undeutliche Dreiecksform.

Die Gruppe der Zwiebelpflanzen

Was verbindet nun die Zwiebelpflanzen miteinander, wodurch kann man sie unterscheiden?
Die Gruppe ist nicht homogen und der Name „Zwiebelpflanze" kann nicht als botanischer Begriff verwendet werden, er stammt aus der angewandten Seite der Botanik, der Gärtnerei.
Alle Zwiebelpflanzen gehören zu den einkeimblättrigen Pflanzen, früher als *Monocotyledonae,* heute als *Liliopsida* bezeichnet. Das heißt, sie gehören zu derselben großen Gruppe wie die Gräser (damit auch das Getreide), Orchideen oder viele Wasserpflanzen. Kennzeichnend ist, dass sie nur mit einem Keimblatt, das ist das erste Blatt, das aus dem Samen treibt, keimen. Die meisten unserer Gartenpflanzen und alle Laubbäume sind zweikeimblättrig, keimen also mit zwei Keimblättern. Die Keimblätter sind oft sehr einfach gestaltet und sehen anders aus als die späteren Blätter der Pflanze. Zwiebelpflanzen besitzen wie alle Einkeimblättrigen gestreift nervige Blätter, die Blattnerven laufen mehr oder minder parallel zueinander und sind nicht verästelt oder vernetzt. Die Blätter haben zumeist eine längliche Form, die zwar manchmal breit und flächig oder in einer Röhre ausgebildet sein können, sind jedoch nie gelappt oder zusammengesetzt. Die Art der Blattnerven, die ja das Wasser- und Nährstoffleitungssystem darstellen, definiert damit die Blattform.
Für alle Zwiebelgewächse ist die Zwiebel ein Charakteristikum. Es ist ein von Blättern zusammengesetztes Speicherorgan, das die Besonderheit dieser Pflanzengruppe ausmacht.
Zu den Zwiebelpflanzen zählen die Gärtner heute mehrere Pflanzenfamilien: die Lauchgewächse (*Alliaceae*), die Amaryllisgewächse oder Narzissengewächse *(Amaryllidaceae),* die Schwertliliengewächse *(Iridaceae),* die Hyazinthengewächse *(Hyacinthaceae)* und die Liliengewächse *(Liliacae).*
Diese moderne Systematik untergliedert zu Recht die frühere Riesenfamilie der *Liliaceae,* in der die Lauchgewächse und Hyazinthengewächse neben vielen anderen vereint waren.

Was sind nun die unterscheidenden Eigenschaften der Familien?

Lauchgewächse *Alliaceae*

Die Mitglieder der Familie der Lauchgewächse weisen (fast) immer Zwiebeln auf, die einfach oder zusammengesetzt sein können.

Die Blätter sind grund- und wechselständig, röhrenförmig oder auch flach länglich ausgebildet.

Der Blütenstand ist eine mehr oder minder kugelige Scheindolde, die im Knospenstadium von einem bis drei Hüllblättern, die verwachsen können, umgeben ist.

Die Blüten sind klein und mehr oder minder kurz gestielt mit sechs Blütenblättern in zwei Kreisen, die nicht oder nur basal verwachsen sind. Innen sitzen sechs Staubblätter um einen eingriffeligen oberständigen Fruchtknoten. Ein Fruchtknoten wird als oberständig bezeichnet, wenn er höher steht als die übrigen Blütenteile (Blütenblätter, Staubblätter) oder zwischen ihnen situiert ist. Er ist innen in der Blüte sichtbar. Der unterständige Fruchtknoten ist von außen erkennbar, hier setzen die anderen Blütenteile an seiner Oberseite an.

Hüllblätter umgeben den knospenden Blütenstand der Zwiebel

Der Blütenstand kann Brutzwiebeln aufweisen, eine Möglichkeit, den viel Energie kostenden Weg über Blüte und Bestäubung für die Vermehrung zu umgehen. Damit haben die Lauchgewächse die Möglichkeit, sich über die Blüte sexuell und über die Brutzwiebelchen asexuell (ohne Partner) zu vermehren.

(Die Beschreibung der Mitglieder der Familie findet sich in den Kapiteln „Die Zwiebel im Porträt" und „Die Arten des Lauchs".)

Narzissengewächse *Amaryllidaceae*

Charakteristisch für die Zwiebelstauden dieser Familie sind zumeist nur grundständig lang gestreckte, manchmal leicht fleischige Blätter.

Die Blüten stehen selten einzeln, zumeist sitzen sie in Doldentrauben mit wenigen bis vielen Blüten. An der Basis des Blütenstandes kann sich eine häutige Hülle aus Tragblättern finden.

Typisch für Narzissen: die becherförmige Nebenkrone

Die Blüten bestehen aus zwei gleich oder verschieden gestalteten Kreisen aus je drei blütenblattartigen Hüllblättern. In der Regel umrahmen sechs Staubblätter den auf einem unterständigen Fruchtknoten sitzenden Griffel.

Hyazinthengewächse *Hyacinthaceae*

Die Vertreter dieser Familie sind Zwiebelstauden mit meist lineal-grasartigen Grundblättern, der Spross ist blattlos, auf dem ein traubiger Blütenstand sitzt. Die Blüten bestehen aus sechs meist farbigen entweder freien oder verwachsenen Blütenblättern zu je drei in zwei Kreisen. Der eingriffelige Fruchtknoten ist oberständig und von sechs Staubblättern umgeben.

Gartenhyazinthe – Blütenpracht aus jahrhundertelanger Zucht

Zart wie eine Orchideenblüte: Japanische Schwertlilie

Liliengewächse *Liliaceae*

Die Zwiebelpflanzen dieser Familie besitzen grund- oder wechselständige Blätter mit linealer bis eiförmiger Form. Die Blüten bestehen aus zwei Kreisen mit je drei zumeist freien Blütenblättern, sechs Staubblättern und einem oberständigen Fruchtknoten oft ohne Griffel mit drei Narben. Die Blüten können einzeln oder in endständigen Trauben auftreten.

Schwertliliengewächse *Iridaceae*

Als Charakterisierung der Schwertliliengewächse, zu denen auch unser Krokus gezählt wird, gelten schwertförmige, reitende oder grasartige, grund- oder zweizeilig wechselständige Blätter. Sie sind Stauden mit Knollen, fleischigen Wurzelstöcken, Rhizomen (kriechende Sprossachsen) oder selten mit Zwiebeln als Speicherorganen. Die Blüte ist dreizählig und radiär bis dorsiventral, das heißt, dass die Blüte eine vertikale Symmetrieebene aufweist und linke und rechte Seite spiegelbildlich angeordnet sind (wie bei der Gladiole). Die äußeren und inneren Blütenblätter mit drei Staubgefäßen können oftmals verschieden sein, der dreifächerige Fruchtknoten ist unterständig.

Bunter Zwiebelpflanzenstrauß

Man kann sie als „die Frühlingsboten" par excellence bezeichnen. Die Hauptmasse der einheimischen Zwiebelpflanzen hat ihre Blütezeit im Frühjahr und schon ab Mai beginnen sich die Blätter von Krokus, Schneeglöckchen oder Blaustern braun zu verfärben, die Vegetationsperiode der Pflanzen geht dem Ende entgegen. Allein die Lilien sind Sommerblüher mit faszinierenden trichterförmigen oder turbanartigen, weit geöffneten Blüten.

In der Botanik können Zwiebelpflanzen auf vier Familien aufgeteilt werden: Lauchgewächse *(Alliaceae)*, Narzissengewächse *(Amaryllidaceae)*, Liliengewächse *(Liliaceae)* und Schwertliliengewächse *(Iridaceae)*.

Gärtnerisch werden Großzwiebeln (Tulpen, Narzissen, Lilien etc.) und Kleinzwiebeln (Schneeglöckchen, Krokus etc.) unterschieden.

Der folgende Streifzug durch die Welt der blühenden Zwiebelpflanzen ist als Reise durchs Gartenjahr gedacht, wobei der Abschluss ein Blick zu den Zwiebelexoten ist.

Eine Kurzbeschreibung der Zwiebelpflanzen und der Familien findet sich im Kapitel „Zwiebelbiologie".

Schneeglöckchen *Galanthus nivalis*

In den Flussauen, feuchten Niederungen und Wiesen können sie wie ein weißer Teppich den Boden bedecken. Typisch für das Schneeglöckchen sind die grünen Saftmale auf den Kronblättern. Neben dem heimischen kleinen Schneeglöckchen werden im Handel noch mehrere Sorten und ausländische Arten angeboten.

Frühlingsknotenblume

Frühlingsbote Krokus

Frühlingsknotenblume *Leucojum vernum*

Sie ist die größere und weitaus seltenere Verwandte des Schneeglöckchens und durch ihre sechs gleichen Blütenblätter leicht vom Schneeglöckchen unterscheidbar. Das auch Märzenbecher genannte Narzissengewächs bevorzugt tiefgründige Böden von Laubwäldern, Sumpf- und Bergwiesen, gelegentlich auch Streuobstwiesen. Die verwandte Sommerknotenblume *(Leucojum aestivum)* blüht mit mehreren Blüten auf einem Stängel im Sommer, ist wie die meisten Narzissengewächse giftig und wie die Frühlingsknotenblume eine gern gesehene Zierpflanze.

Krokus *Crocus sp.*

Die Wildkrokusse, die übrigens viel kleiner sind als unsere Zuchtformen, haben ihr natürliches Verbreitungsgebiet in den Gebirgen Europas und in Asien. Die meisten Krokusarten blühen im Frühjahr, einige sind aber auch Herbstblüher. Die vielen Gartensorten der kleinen Frühjahrsblüher gehen nur auf wenige Arten zurück. Das türkische *Crocus chrysanthus* und seine Ableger sind leuchtend gelb gefärbt, die Art *Crocus flavus,* auch Holland-Krokus genannt (obwohl aus der Türkei stammend), ist es ebenfalls. Die so genannten Holland-Hybriden mit einer Farbpalette von Violett bis Weiß stammen von *Crocus vernus* ab, das seine Heimat in Südosteuropa und den Alpen hat. Aus dem herbstblühenden *Crocus sativus* wird das teure Gewürz Safran gewonnen. Der hohe Preis für Safran wird verständlich, wenn man bedenkt, dass nur die Staubgefäße des Krokus dafür verwendet werden.

Traubenhyazinthe *Muscari sp.*

Die kleinen intensiv blau blühenden (es gibt auch weiße Sorten) Liliengewächse sind ursprünglich Bewohner von Trockenrasen- oder Halbtrockenrasengebieten und haben

Bringen Blau in den Frühlingsgarten: Traubenhyazinthe und Blaustern

diese Eigenschaft auch weitervererbt: Sie lieben Sonne und haben wenig Probleme mit Trockenheit. Im Handel sind verschiedene Arten und Sorten erhältlich. Eine geschützte, auf Trockenrasen lebende Art, die Schopfige Traubenhyazinthe *(Muscari comosum)*, ist streng geschützt. Sie ist der Riese unter den Traubenhyazinthen und kann bis 70 cm groß werden.

Blaustern *Scilla sp.*

Der das Aussehen der Blüte treffend beschreibende Name fasst oft mehrere Gattungen zusammen, die einander nahe stehen: den echten Blaustern oder die Meerzwiebel (Gattung *Scilla*), den Schneeglanz (Gattung *Chionodoxa*) und die Puschkinie *(Puschkinia)*.

In Mitteleuropa kommen mehrere Arten der Gattung Blaustern wild vor. In den Gärten werden zumeist der Sibirische Blaustern *(Scilla siberica)* mit zwei bis vier intensiv blau gefärbten Blüten oder der Zweiblättrige Blaustern *(Scilla bifolia)* mit violettblauen aufrecht stehenden Blütenstielen gepflanzt. Beliebt ist auch die Art Scilla *mischtschenkoana*, die sehr früh im Jahr blüht und blassblaue Blüten besitzt. Von den Blaustern-Arten sind im Handel mehrere Sorten erhältlich.

Die Gattung Schneeglanz *(Chionodoxa)* besteht aus sechs Arten, die alle aus Kreta, Zypern und Vorderasien stammen. Sie haben traubige Blütenstände und sternförmige rosa, weiße oder blauviolette Blüten. Schneeglanz ist in Gärten eher selten anzutreffen. Die Verbreitung der Samen wird durch Ameisen besorgt, sie schleppen die Samen in ihre Bauten, weil die Anhängsel der Samen (Elaiosomen) Lockstoffe enthalten.

Puschkinia scilloides ist die einzige Art der Gattung Puschkinie. Die kleine Zwiebelpflanze weist zwei Laubblätter und einen traubenartigen Blütenstand mit blassblauen Blüten auf.

Wiesenpflanze Gelbstern

Königin des Frühlings: Tulpe

Gelbstern, Goldstern *Gagea sp.*

Der Gelbstern ist eigentlich keine Gartenpflanze im eigentlichen Sinn, er verirrt sich aber oft in unsere Gärten. In Mitteleuropa sind der Acker-Goldstern *(Gagea villosa)* auf Rainen und im Grenzbereich des Ackerlandes, der im alpinen Bereich vorkommende Alpen-Goldstern *(Gagea fistulosa)*, der mittlerweile rar gewordene Wiesen-Goldstern *(Gagea pratense)* auf trockenen Wiesen und Äckern und der Wald-Goldstern *(Gagea lutea)* an Waldrändern und in warmen Auwäldern verbreitet. Der in Ostösterreich und in Thüringen und Sachsen-Anhalt vorkommende Felsen-Goldstern oder Böhmische Goldstern *(Gagea bohemica)* ist eine seltene und geschützte Trockenrasenpflanze.

Hyazinthe *Hyacinthus orientalis*

Die intensiv blühenden und stark duftenden Blüten der Hyazinthen sind oft die ersten lebenden Frühlingsboten in unseren Wohnungen. In den 1950er und 1960er Jahren war es sogar Mode, die großen Zwiebeln der Hyazinthen im Frühjahr in kleinen Töpfen auf Fensterbänken zum Treiben und Blühen zu bringen. Die fast unnatürlich anmutenden Blüten der heutigen Zuchtsorten haben mit der Wildform aus Kleinasien nur mehr wenig gemeinsam. Durch jahrhundertelange Zucht wurde aus einer robusten Wildpflanze mit einer lockeren Blüte eine farbenprächtige Hochleistungspflanze. Wie hochgezüchtet unsere Hyazinthen sind, erkennt man daran, dass die Zwiebelpflanzen nach einigen Jahren „rückschlagen", dass heißt, dass der Blütenstand lockerer wird und die Blütenfarbe wechselt – die Natur kehrt zurück.

Tulpe *Tulipa sp.*

Die Gattung *Tulipa* umfasst rund 100 Arten, die fast alle in Zentral- bis Vorderasien beheimatet sind. Sie galt schon im Osmanischen Reich als Zierpflanze. 1554 schenkte

Dichternarzisse *Milchstern*

Sultan Suleiman II. dem kaiserlichen Botschafter Augerius Ghislain de Busbecq einige Tulpenzwiebeln, die dieser mit dem Satz „*… welche die Türken Tulipan nennen …*" nach Wien sandte. Von dort trat sie ihren Siegeszug durch Europa an. Besonders in den Niederlanden wurde die Tulpe zu einem Kultobjekt (siehe auch Kapitel „Kunterbuntes Zwiebelalphabet").
Die Tulpensorten zeigen eine Bandbreite an Blütenfarben und -formen, die ihresgleichen sucht. Die Farbenvielfalt macht die Tulpe auch so beliebt, weil man für jede Farbkombination im Garten die „richtige Tulpe" einfach finden kann.
Die oft faszinierende Musterung der Blüten kann durch Viren ausgelöst werden, manche der Farbspiele entstehen jedoch auch ohne viröse Infektion.

Narzisse *Narcissus sp.*

Die in Eurasien und Nordafrika verbreitete Gattung *Narcissus* hat ihren Namen vom schönen Jüngling Narziss der griechischen Mythologie, der in sein eigenes Spiegelbild verliebt war. Die von West- bis Mitteleuropa beheimatete Osterglocke oder Trompeten-Narzisse *(Narcissus pseudonarcissus)* und die einheimische Dichternarzisse *(Narcissus poeticus)* und ihre Sorten sind äußerst robust und sehr dankbare Gartenpflanzen. Typisch für sie ist die Ausbildung einer Nebenkrone.

Milchstern *Ornithogalum sp.*

Der Name „Milchstern" klingt etwas besser als die wörtliche Übersetzung „Vogelmilch", wobei sich beides auf die Blütenfarbe bezieht. Typisch für den Milchstern sind die mehr oder minder breiten grünen Mittelstreifen auf der Außenseite der Blütenblätter. Der Schmalblättrige Milchstern *(Ornithogalum gussonei)* stammt aus Osteuropa und wird in Mitteleuropa nur selten angetroffen, der bis zu 80 cm hohe

Kaiserkrone

Schachbrettblume

Pyrenäen-Milchstern *(Ornithogalum pyrenaicum)* hat sein Verbreitungsgebiet in Westeuropa. Der kleine Dolden-Milchstern *(Ornithogalum umbellatum)* und der Nickende Milchstern *(Ornithogalum nutans)*, beide im Mittelmeergebiet und bis Mitteleuropa verbreitet, werden bei uns als Zierpflanzen verwendet. So schön die Blüten sind, wirken die Blätter, vor allem in trockenen Perioden, oft unansehnlich. Der Milchstern ist auch ein wählerischer Spätaufsteher, er öffnet die Blüten frühestens um 10 Uhr und das nur bei Sonnenschein.

Kaiserkrone *Frittilaria imperialis*

Diese alte Bauerngartenpflanze stammt eigentlich aus der Türkei und kam in der Barockzeit als eine der blühenden Raritäten nach Mitteleuropa. Die imposante Zwiebelpflanze kann über 1 m hoch werden und stellt geringe Ansprüche an den Boden. Durch Brutzwiebeln werden im Lauf der Zeit aus einzelnen Kaiserkronen Gruppen. Heute sind viele Sorten auf dem Markt, wobei die Persische Kaiserkrone *(Fritillaria persica)* mit braunvioletten Blüten und blaugrau bereiften Blättern besonders imposant ist. Die Zwiebeln der Kaiserkrone haben einen Durchmesser von rund 10 cm und riechen streng. Der Geruch soll Wühlmäuse vertreiben. Das Kraut der Kaiserkrone zieht ab Juli ein.

Schachbrettblume, Schachblume *Frittilaria meleagris*

So unwahrscheinlich es auch klingen mag, die zarte kleine Schachbrettblume ist nahe mit der imposanten Kaiserkrone verwandt. Sie bevorzugt sehr feuchten, nährstoffreichen Boden, wie er auf gedüngten Feuchtwiesen vorkommt. Sie ist in nicht drainagierten Flusstälern zu finden und steigt selten über 700 m. Die geschützte Pflanze blüht von April bis Mai.

Lilie *Lilium sp.*

Sie stellen sicher die eindruckvollsten Pflanzen der Zwiebelgewächse. Die rund hundert Arten der Gattung sind über die gesamte Nordhalbkugel verbreitet. Die Vielfalt in der Blütenform und Farbe ist – wenn man die vielen Kultursorten dazu zählt – scheinbar unendlich, doch alle weisen Zwiebeln auf, die sich aus fleischigen, überlappenden Schuppenblättern zusammensetzen.
Die einzelnen Lilienarten können unterschiedliche Größen erreichen, von 30 cm bis gigantische 3 m Höhe.

Einige „klassische" Arten seien hier angeführt:

Echter Türkenbund *Lilium martagon*

Die streng geschützte Pflanze kommt in lockeren Wäldern des Hügellandes bis ins Mittelgebirge vor und ist bis in Höhen von 2.000 m anzutreffen. Sie bevorzugt basen- sowie humus- und stickstoffreichen Boden. Auch vom Türkenbund gibt es mittlerweile eine Reihe von Ziersorten. Die Blütezeit ist von Juni bis August.

Feuerlilie *Lilium bulbiferum*

Auch diese Lilienart ist geschützt und kommt in den Alpen, vor allem in nach Süden offenen Hochtälern, vor. Sie braucht wie der Türkenbund basen-, humus- und stickstoffreichen Boden.
Die Feuerlilie hat ihren Namen von den großen endständigen, orange bis feuerrot gefärbten Blüten, die innen braun gefleckt sind. Der Name *bulbiferum* kommt von den kleinen Brutzwiebeln, die in den Achseln der Blätter sitzen. In Mitteleuropa war die Feuerlilie früher eine beliebte Gartenpflanze, die in den 1950er Jahren etwas aus der Mode gekommen war, heute jedoch wieder sehr beliebt ist. Die Unterart *croceum* hat intensiv gelb gefärbte Blütenblätter.

Madonnenlilie *Lilium candidum*

Diese Lilienart mit ihren weißen großen Blüten und den gelben Staubgefäßen ist seit dem Altertum eine beliebte Zierpflanze. Die Blüten verströmen einen intensiven Duft. Sie stammt aus dem östlichen Mittelmeergebiet und Osteuropa und war im Mittelalter eine beliebte Zierpflanze in Klostergärten („Marienlilie").

Lilium speciosum

Diese sehr attraktive Lilie hat purpurn angelaufene Stängel und eher zerstreut angeordnete, fast 20 cm lange Blätter. Die turbanförmigen Blüten hängen in langen Trauben, duften sehr stark und sind bis zu 20 cm im Durchmesser groß. Je nach Sorte variiert die Blütenfarbe von weiß bis dunkelrot. Die bis zu 1,7 m hoch werdende Lilienart hat ihr ursprüngliches Verbreitungsgebiet in Ostchina, Taiwan und Japan.

Königslilie *Lilium regale*

Diese gern als Schnittblume verwendete Lilienart zeichnet sich durch bis zu 20 stark duftende, trompetenförmige Blüten aus, die in einer Dolde angeordnet sind.

Die Blüten sind weiß mit einem purpurnen Streifen auf der Außenseite der Blütenblätter und leuchtend gelben Staubgefäßen.

Die aus Westchina stammende Lilie wird bis zu 2 m hoch.

Lilium superbum

Mit ihren purpurn gemusterten Stängeln und den wirtelig stehenden Blättern ist schon das Laub sehr attraktiv, die bis zu 40 turbanförmigen Blüten sind orange gefärbt und weisen kastanienbraune Flecken auf.

Die feuchte Böden und pralle Sonne bevorzugende Lilie stammt aus dem Osten der Vereinigten Staaten und kann bis 3 m hoch werden.

Schopflilie *Eucomis sp.*

Bei diesem Hyazinthengewächs sitzt unter einem Blattschopf eine dichte Traube mit sternförmigen Blüten.

Die meisten der 15 Arten der attraktiven Schopflilie sind nicht völlig frostresistent, kein Wunder, stammen sie doch aus Südafrika und dem tropischen südlichen Afrika, wo sie auf Steinformationen und trockenen Grasflächen wachsen.

Amaryllis *Amaryllis sp.*

Unsere beliebte „Blüherin mit der Riesenzwiebel" der Wintergärten und Blumenfenster stammt ursprünglich aus den Küstengebirgen der südwestlichen Kapprovinz von Südafrika. Die Zwiebelpflanze hält im Frühling und Sommer eine Ruhephase. Dieser Zeitraum ist auch die beste Pflanzzeit. Während der Ruhephase sollte die Pflanze trocken gehalten werden, in der Wachstumsphase braucht sie dann Feuchtigkeit.

Die Blütezeit fällt (bei uns in der nördlichen Hemisphäre) in die Herbst- und Winterzeit.

Im Handel sind viele Sorten mit trompetenförmigen Blüten in vielen Farben bis 15 cm im Durchmesser erhältlich.

Gartentipps für Zwiebelpflanzen

Bei der Pflanzung von Zwiebelpflanzen ist besonders auf die Pflanztiefe zu achten: Zu seicht gesetzt, kann bei stärkerem Wind ein Ausfrieren und ein Umstürzen bedingen. Späte oder wenige Blüten sind oft die Folgen von zu tief gesetzten Zwiebeln.
Ein Vereinzeln von Zwiebelpflanzen, besonders von Tulpen und Narzissen, hebt die Blühfreudigkeit.
Die Blätter von Zwiebelpflanzen sollten nicht abgeschnitten werden, auch wenn sie für das „Grün" des Blumenstraußes gebraucht werden oder im Beet unansehnlich wirken. Sie werden für die Energiegewinnung für die Blüte im nächsten Jahr gebraucht.
Das Kappen von verblühten Blüten und Fruchtständen stärkt die Zwiebeln ebenfalls.

Kunterbuntes Zwiebelalphabet

„Auf das Unrecht, da folgt das Übel, wie die Thrän' auf den herben Zwiebel." So setzt Friedrich Schiller der Zwiebel in der Kapuzinerpredigt aus „Wallensteins Lager" ein literarisches Denkmal. Man ist erstaunt, an welchen Stellen man in der Literatur, Kunst oder im alltäglichen Leben der Zwiebel begegnet. Oft ist es augenscheinlich, so ist die Zwiebel fixer Bestandteil vieler Stillleben in der Malerei.
Doch weitaus interessanter sind die unerwarteten Begegnungen mit dem Lauchgewächs. Ein kunterbuntes Alphabet mit Zwiebelkuriositäten soll dies aufzeigen und zum Staunen und Schmunzeln verleiten.

A wie **Auszeichnung**

Seit fünf Jahren verleiht die Medien- und Filmgesellschaft Baden-Württemberg (MFG) die Goldene Zwiebel als Auszeichnung für durch sie geförderte Filme. Es ist eine humorvolle, aber auch durchaus ernst gemeinte regionale Auszeichnung für europäische Filmproduktionen, die vom Publikum als Jury vergeben wird. So wurden unter anderem Zoltan Spirandellis „Vaya Con Dios", Horst Krause für seine Hauptrolle in „Schultze gets the Blues" oder der Film „Der Mann ohne Vergangenheit" in den letzten Jahren mit der Goldenen Zwiebel ausgezeichnet.

B wie **Börsenkrach**

Im 17. Jahrhundert waren Tulpenzwiebeln in Holland ein gefragtes Gut und rare Züchtungen wurden zu horrenden Preisen verkauft oder ersteigert. So erzielte eine Tulpenzwiebel einen Preis, der den Gegenwert eines herrschaftlichen Hauses hatte. Schließlich wurden Tulpenzwiebeln auch auf Börsen gehandelt und viele Geschäfts- und Privatleute investierten in das vergängliche Pflanzengut und spekulierten damit. Dieser gigantische Aufschwung, der in den Jahren 1632 bis 1637 seinen Höhepunkt erreichte, zog auch Glücksritter und Spekulanten an. Im Februar 1737 kam der schwarze Freitag für den Tulpenhandel und viele von der „Tulipomanie" angesteckte Händler und Spekulanten verloren ihr Vermögen.

C wie **Cheopspyramide**

Zwiebeln waren im alten Ägypten ein Grundnahrungsmittel und häufige Nahrung der zum Bau der Monumentalbauten eingesetzten Arbeiter. Davon berichten tausende Jahre alte Wandbilder in den Pyramiden. Und wenn man den Überlieferungen glauben darf, brachte die Zwiebel sogar den Bau der Cheopspyramide zum Stoppen: Die Arbeiter streikten, weil ihre Zwiebelrationen gekürzt worden waren. Nach heutigem Geld gab der Pharao Millionen Euro für die Verköstigung der Arbeiter mit Zwiebeln und Knoblauch aus.

D wie **Dekor**

Das bekannte Porzellandekor „Zwiebelmuster" geht nicht, wie der Name erwarten lässt, auf die Zwiebel zurück, sondern auf stilisierte Muster von Granatapfel und Pfingstrose nach chinesischem Vorbild. Die Motive schuf der Meißener Porzellanmaler J. D. Kretschmar im Jahre 1738/39. Das klassische Zwiebelmuster wird in blauer Unterglasurmalerei mit Hand gemalt, es wurde jedoch von vielen Manufakturen übernommen, wo es im Umdruckverfahren oder mit Schablonen hergestellt wird. Das tschechische (Karlsbader) Zwiebelmuster geht in seinen Ursprüngen auf das Meißener Dekor zurück. 1885 wurde in Karlsbad unter dem neuen Besitzer C. Teichert in der von Anton Tschinkel übernommenen Manufaktur begonnen, Zwiebelmuster-Tafelgeschirr zu produzieren.

E wie Eis

So unglaublich es klingt, aber es gibt sogar ein Bärlaucheis. Die Frage stellt sich nur, wie dieses sicher eigenwillig schmeckende Speiseeis zu kombinieren ist.

F wie Film

Im Film „Tulpenfieber" beschreibt Nina Koshofer 2004 die faszinierende Geschichte des Aufstiegs der Tulpe von der unbekannten aus der Türkei importierten Zwiebel zur Wappenblume Hollands. Koshofer verfolgt die fast zufällige Entdeckung der Schönheit der Tulpenblüte durch einen flämischen Händler um 1562 und die sich in den folgenden Jahrzehnten entwickelnde Tulipomanie, die mit einem Börsenkrach ihr jähes Ende fand. Das tat der Tulpenliebe keinen Abbruch, noch heute sind die Niederländer mit rund 80 % Marktanteilen die Marktführenden im Tulpenhandel.

G wie Gastronomie

Einige Wirte haben die Zwiebel als Emblem und Zeichen für ihr Lokal gewählt. Selbstverständlich werden dort auch Zwiebelgerichte und andere zwiebelige Besonderheiten angeboten, wie etwa Zwiebelsaft. Hier eine kurze Auswahl:

- Brauhaus Zwiebel, Ulricherstraße 24, D-59494 Soest, www.brauhaus-zwiebel.de
- Restaurant zuimzwiebel, Teichgasse 6, D-99423 Weimar

- Internet Café Zwiebel, Kämmerer Straße 77, D-67547 Worms – ein Zwiebelcafé mit einem Fenster ins World Wide Web
- Hotel & Restaurant „Zur Zwiebel", Peeneplatz 3, D-17449 Peenemünde
  Hört man die Geschichte, wie das Lokal zu seinem Namen kam, so wird klar, dass die Zwiebel dabei nur eine rhetorische Rolle spielt: Peenemünde war lange Zeit Flottenstützpunkt und das damals noch „Insel Usedom" genannte Lokal war die einzige Kneipe im Ort. Mit dieser Monopolstellung war es die Anlaufstelle Nummer eins für alle auf Landurlaub befindlichen Matrosen und Marineoffiziere und damit beliebter Treffpunkt für alle Mariner. Beim Spinnen des Seemannsgarns und dem Erzählen von abenteuerlichen Seemannsgeschichten floss natürlich reichlich Alkohol und die Pfeife und die Zigarillos und Zigarren gingen nie aus. Vermischt mit Küchengerüchen ließ der Rauch den Neuankömmlingen, die das meist mit Gästen überfüllte Lokal betreten wollten, die Augen tränen, wie wenn sie gerade Zwiebeln schneiden würden. So kam die „Insel Usedom" zum Namen „Zur Zwiebel".

H wie **Hitparade**

Unter dem Bandnamen „Oliver Onions" (eigentlich das Pseudonym eines englischen Romanciers, siehe im selben Kapitel unter O wie Oliver Onions) wurden die Brüder Guido und Maurizio de Angelis vor allem durch Hits in der Filmmusik bekannt. Sie schrieben und interpretierten eine Vielzahl der Melodien zu Filmen von Bud Spencer & Terence Hill, aber auch zur Serie des indischen Freiheitskämpfers Sandokan mit Kabir Bedi. Ihr Singel-Hit „Santa Maria" ist unvergesslicher Bestandteil der „Best of-Alben" der 1980er Jahre und wurde mehrfach gecovert. Die bekanntesten Titel sind: „Flying through the air", „Orzowei", „Dune Buggy", „Bulldozer" oder „Banana Joe" und „Sandokan".

I wie **Italowestern**

Eine tempogeladene Westernparodie im deutsch-italienischen Stil wurde 1975 mit Hauptdarsteller Franco Nero als Zwiebel-Jack gedreht. In „Zwiebel-Jack räumt auf" führt der schlagkräftige Jack einen Privatkrieg gegen eine skrupellose Ölmafia in Paradise-City und – wie könnte es anders sein – gewinnt gegen die bösen, die Umwelt verschmutzenden Profitdenker.

J wie **Jungbrunnen**

Die (noch) immer relativ stressfreie Lebensführung und die regelmäßige Ernährung von Zwiebeln und Knoblauch sind für viele Bewohner der ländlichen Gebiete des Mittelmeergebietes, vor allem in Griechenland und Spanien, eine Art Jungbrunnen.
Die Geruhsamkeit und der Rhythmus im Leben schonen den Kreislauf und die Lauchgewächse liefern Vitamine und Mineralstoffe und schützen vor Arterienverkalkung und Brüchigkeit der Blutgefäße.

K wie Kirmes oder Kirtag

In Städten mit „Zwiebeltradition" finden jährlich Märkte, Feste oder Kirmes(Kirtag)-feste statt. Einige dieser Zwiebelfeiern sowie die Bärlauchtage in Bad Heilbrunn seien hier erwähnt:

Apolda, Deutschland

Der hier stattfindende Zwiebelmarkt findet immer am ersten Wochenende im Oktober von Freitag bis Sonntag statt. Seine erste Erwähnung war am 4. November 1886 in den Annalen Apoldas, obwohl alle Bewohner Apoldas darauf verweisen, dass der Zwiebelmarkt eine viel längere Tradition in ihrer Stadt hätte. Heute hat sich aus dem einstigen Markt ein lustiges Fest rund um kunstvoll geflochtene Zwiebelzöpfe und Zwiebelkuchen und Bier entwickelt.

Bärlauch in Bad Heilbrunn, Deutschland

Schon der Name des Ortsteils Ramsau zeugt vom Vorhandensein des Bärlauchs, Rams ist ein altbayerischer Ausdruck für Bärlauch. Und so werden im Kurort Bad Heilbrunn Bärlauchtage veranstaltet. Bei der Auftaktveranstaltung im Kursaal präsentieren die Bad Heilbrunner Ramswirte ihre gastronomischen Bärlauchspezialitäten wie Bärlauchkäse, Bärlauchcremesuppe, Ramsrisotto, Bärlauchnetzkotelett, Bärlauchstrudel, Rams-Lauch-Kartoffelgratin oder Ramsquiche. Weitere Veranstaltungen sind zum Beispiel Magisches zum Thema „Zaubärlauch" und Führungen in die nahen Ramsgebiete. Die Bärlauchtage finden jeweils Anfang Mai statt.

Bern, Schweiz

Im November findet alljährlich in Bern das traditionelle Zwiebelfest „Zibelemärit" statt. Hier verkaufen vor allem Bäuerinnen und Bauern aus dem freiburgischen Seebezirk ihre Zwiebeln sowie Wintergemüse, Kernobst und Nüsse. In den Gaststätten werden frische Käse- und Zwiebelwähen angeboten und am Abend wandert unter einem Konfettiregen mit viel Hallo die „Zibelegrinde", eine Gruppe Maskierter mit aufgesetzten Köpfen, durch die Lokale und karikiert die Ereignisse des Jahres. Dieser Markt, der Zibelemärit, reicht in seinen Ursprüngen bis ins 15. Jahrhundert zurück.

Caniço, Madeira

Auch auf der Blumeninsel Madeira gibt es ein Zwiebelfest. Es findet in der ersten Maiwoche im Ort Caniço statt. Am Sonntag gehen mit einem Zwiebelumzug und einer Zwiebelversteigerung die Hauptattraktionen dieses Zwiebelfestes über die Bühne.

Esslingen, Deutschland

Eine Sage erzählt folgende Begebenheit, auf die die Verbindung der Esslinger mit der Zwiebel zurückgeht: *„Der Name Zwiebelfest beruht auf einer Sage, nach der im Mittelalter eine Esslinger Marktfrau den Teufel aus der Stadt vertrieben hat. Er hatte nach einem Apfel verlangt. Die Marktfrau erkannte den Beelzebub trotz seiner*

Verkleidung an seinem Pferdefuß und dem Schwefelgeruch. So reichte sie ihm listig anstatt des begehrten Apfels eine Zwiebel. Der Teufel biss in die saftige Knolle und schrie: ‚Das sollen eure Äpfel sein! Spott über euch Esslinger. Zwiebel sind es, scharfe Zwiebel. Deshalb sollt ihr künftig nicht mehr Esslinger heißen, sondern Zwiebel!' So kommt es, dass man die Esslinger Bürger Zwiebel oder Zwieblinger nennt."

Grund genug für die Stadtväter, seit Jahren ein zünftiges Zwiebelfest im Herbst zu veranstalten, wobei mehrere Wirte in der Laubenstadt mit dem mittelalterlichen Ambiente vielfältige Köstlichkeiten aus Küche und Keller auf dem Marktplatz präsentieren.

Laa an der Thaya, Österreich

Die Region um Laa war seit jeher für den Zwiebelanbau bekannt und die Laaer Zwiebel galt in Österreich als Inbegriff für qualitativ hochwertige Zwiebeln mit intensivem Geschmack und langer Haltbarkeit. Sortennamen wie 'Laaer Rosa Lotte' (eine Schalottenzwiebel), 'Gelbe Laaer' (eine gelbschalige Sommerzwiebel), 'Rote Laaer' (eine rotschalige Sommerzwiebel), 'Schneeweiße Unterstinkenbrunner' (eine weiße Sommerzwiebelsorte, benannt nach dem Ort Unterstinkenbrunn) oder 'Schoderleer Steckzwiebel' (braune Sommerzwiebel, nach den Orten Unter- und Oberschoderlee benannt) zeugen von der großen Zwiebelgeschichte der Region um die österreichische

Grenzstadt an der Thaya. Auch heute ist die Zwiebel noch ein wichtiger wirtschaftlicher Faktor für die Region. Die „Interessensgemeinschaft Laaer Zwiebel" ist in den letzten 15 Jahren zu einem landwirtschaftlich bedeutenden Zwiebelproduzenten in Österreich aufgestiegen, der rund 20 % des einheimischen Marktes versorgt. Zusätzlich wurde ein Zwiebelfest ins Leben gerufen, das mittlerweile zu den kulturellen Großveranstaltungen des nördlichen Niederösterreichs mit namhaften Künstlern gehört. Das Laaer Zwiebelfest findet jährlich im September in der Stadt Laa statt.

Ricadi, Capo Vaticano, Italien

Jedes Jahr wird am 13. August in Ricadi ein Zwiebelfest gefeiert. Die Region Capo Vaticano in Kalabrien ist – so wird mit stolz geblähter Brust berichtet – für die Produktion der besten Zwiebeln in der Welt bekannt, die auf den Märkten von München, Stockholm und den USA sehr gefragt sind. Die typische Zwiebel aus Capo Vaticano ist rot mit einer ovalen Form und mildsüßem Geschmack.

Valls, Spanien

In Valls wird am 15. März ein spezielles Zwiebelfest gefeiert, die Calçotada. Sie geht auf den katalanischen Brauch zurück, bei dem Zwiebelschlotten auf einem Rost gebraten und dann in eine spezielle Soße (das Rezept wird natürlich nicht verraten) getaucht werden. Besonders vergnüglich ist der Verzehr der Spezialität, da nur die Finger zur Verfügung stehen. Nach dieser „Vorspeise" gibt es Fleisch und Bratwurst vom Rost und der Wein wird aus einem speziellen Gefäß, dem „porró", kredenzt.

Weimar, Deutschland

Auch in der Goethestadt Weimar findet jährlich ein Zwiebelfest statt. Es entwickelte sich aus dem seit 1653 stattfindenden „Vieh- und Zibbelmarkt", der in Folge meist an einem Sonntag um den 10. Oktober stattfand. Dass der Dichterfürst Johann Wolfgang von Goethe den Zwiebelmarkt kannte und Zwiebeln schätzte, ist zweifelsfrei belegt: So ließ er die gekauften Zwiebelrispen an seinem Schreibtisch befestigen, schmückte auch sein Haus damit und äußerte sich positiv über die gesundheitsfördernde Wirkung der Zwiebel. Heute wird der Markt immer am zweiten Oktoberwochenende von Freitag bis Sonntag abgehalten und erstreckt sich über die gesamte Altstadt. In diesen drei Tagen werden über hunderttausend Zwiebelzöpfe verkauft und als Attraktion wird eine Zwiebelkönigin gewählt, die dann in Weimar bis zum nächsten Zwiebelfest regiert.

Witten, Deutschland

In Witten/Westfalen findet jährlich Anfang September eine mehrtägige Zwiebelkirmes statt. Dieses sich aus dem Herbstmarkt (Ägidimarkt) entwickelnde Volksfest war früher der größte landesweite Zwiebelmarkt. Heute steht vielfältige Unterhaltung im Vordergrund, wobei der Zwiebelsacklauf einen der Höhepunkte bildet. Mittlerweile hat sich dieser – leider noch nicht in die olympischen Bewerbe aufgenommene – Lauf zur Hauptattraktion des Festes entwickelt.

L wie Lottozahlen

Im alten Weinhauerort und in der heutigen Nobelheurigengegend von Wien Sievering wusste man aus der Zwiebel die Lottozahlen herauszulesen: Eine Zwiebel wird zu Vollmond in Wasser und dann in Erde gelegt. Nach neun Tagen nimmt man sie heraus und kann an den gedrehten und verschlungenen Wurzeln die Glücksnummern erkennen.

M wie Maskottchen

Zittau gilt als ein Zentrum der Zwiebel-, Gemüse- und Gartenkultur. In der Sorte 'Zittauer Gelbe', die in den Dreißigerjahren des 20. Jahrhunderts von einem Zittauer Gärtner gezüchtet wurde, ist der Name der Stadt verewigt. 1999 fand die 2. „Sächsische Landesgartenschau" in Zittau und Olbersdorf statt, wobei ein Maskottchen kreiert wurde, das „Zwiebelchen". Die starke Identifizierung der Zittauer mit dieser Figur ließ es zum offiziellen Maskottchen der Stadt Zittau werden.

N wie Nougat

Auf einer alten Ansichtskarte steht der Reim „Gruß aus Borna in Sachsen, wo die Bornschen Zwiebeln wachsen". So weit, so gut, denn Borna war das Zentrum der größten Anbaugebiete für Küchenzwiebeln, nur die so genannte „Bornsche Zwiebel" ist ein Konfekt aus Nougat und Marzipan.

O wie Ortsnamen

Ramsey ist der Name einer Kleinstadt in Cambridgeshire, England. Ein Badeort mit demselben Namen liegt auf der Isle of Man. In beiden Fällen liegt dem Namen der altenglische Ausdruck für „Wilder Knoblauch", „hramsa", zu Grunde. Eine ganze Insel voll mit wildem Knoblauch gibt es – wenn man dem Namen traut – vor der walisischen Küste, das Ramsey Island.

P wie Perle

Die kleinen, runden Zwiebeln erhielten von den Römern den Namen „Unio", eine Bezeichnung, die auch für Perle und Muschel verwendet wurde. So heißt die Teichmuschel in der lateinischen Bezeichnung *Unio unio*. Aus „Unio" entwickelte sich „onion" und auch bei uns ist der Ausdruck Perlzwiebel für die kleinen, zumeist in Essig eingelegten Zwiebeln gebräuchlich.

Q wie Quo Vadis

Der im Hollywoodklassiker „Quo vadis" von Sir Peter Ustinov treffend dargestellte römische Kaiser Nero (37–68 n. Chr.) war ein Egomane, grausam und eitel. Der wegen seines Größenwahns bekannte Nero hielt sich für einen gottbegnadeten Künstler. Um der größte Sänger aller Zeiten zu werden, versuchte er seine Stimme mit Porree noch wohltönender zu machen, indem er monatlich einen Porreetag einlegte.

R wie Rätsel

Die Häute der Zwiebeln haben die Phantasie der Menschen immer wieder angeregt. Dass die Anzahl der Zwiebelhäute dann zu einer magischen Zahl wurde, ist fast selbstverständlich. So wird in Mecklenburg nach dem *lütten Racker* in den *nägen Hüd* (neun Häuten) gesucht, in Brandenburg versteckt sich die Zwiebel in der „Mutter mit den hundert Tüchern" und in Siebenbürgen ist sie das Fräulein mit den sieben Häuten.

S wie Schriftsteller

Unter dem Pseudonym Oliver Onions veröffentlichte der englische Schriftsteller George Oliver (1872–1961) zahlreiche Werke, die alle in den Bereich der Horror- und Geistergeschichten anzusiedeln sind. Er war einer der Wegbereiter dieses Genres zu Beginn des 20. Jahrhunderts und seine Romane über übernatürliche Kräfte, Geister und Gespenster sind berühmt für ihren Tiefgang und ihre psychologische Sichtweise.

T wie Traumdeutung

Einen weiteren Hinweis für die Bedeutung der Zwiebel im Leben des Menschen als Heilmittel, Nahrung oder mystisches Objekt zeigt die Verwendung des Lauchgewächses in der Traumdeutung. Wird man im Traum mit Zwiebeln gekrönt, bedeutet es für den Gekrönten Nutzen, für die ihn umgebenden Personen Schaden. Erblickt man im

Traum weiße Zwiebelblätter im Garten, wird das als Hinweis auf Tod gedeutet. Träumt ein Kranker, dass er viel Zwiebeln isst, so wird er gesund, wenige Zwiebeln zu verspeisen, wird als Hinweis auf den Tod gedeutet, denn Verstorbene weinen wenig.

U wie Uhr

Der im 19. und beginnenden 20. Jahrhundert gängige Zeitmesser des modischen und modernen Mannes war die Taschenuhr. Mit Deckel, Gravuren, Verzierungen und langer Uhrkette mit Petschaft oder Dukaten galt sie auch als Prestigeobjekt. In Wien wurde dem Chronometer wegen seiner der Zwiebel ähnlichen Form ein Spitzname verliehen: der Zwiefel.

V wie Verschleppung

Ameisen verschleppen Bärlauchsamen und sorgen so für die Verbreitung der Pflanze. Sie tun das nicht freiwillig, der Bärlauch ködert die Insekten! Die Samen besitzen Anhängsel, so genannte Elaiosomen, die für Ameisen unwiderstehliche Lockstoffe beinhalten. Die Samen sind für die Ameisen übrigens nutzlos. Diese Samenverbreitung durch Tiere nennt man Zoochorie, im Speziellen durch Ameisen Myrmecochorie.

W wie Weltrekord

Als größte Zwiebel der Welt und aller Zeiten wurde eine Zwiebel der Sorte 'The Kelsae' ins Guinnessbuch der Rekorde eingetragen. Sie wog satte 4,050 kg. Die Gemüsezwiebelsorte 'The Kelsae' ist bekannt für ihre großen Zwiebeln.

XY wie (noch) ungelöst

Ungelöst ist die Herkunft einiger unserer gebräuchlichen Laucharten. So ist sogar die Herkunft der Küchenzwiebel *(Allium cepa)* durch ihre lange Verwendung als Kulturpflanze nicht restlos geklärt. Auch von den zarten Schalotten *(Allium askalonium),* die ihren Siegeszug als Gewürz und Gemüse in der französischen Küche antraten, ist nur bekannt, dass sie im Gebiet um Askalon (nahe dem heutigen Tel Aviv) schon in der Antike angebaut wurden. Die Herkunft ist jedoch im Nebel der frühesten Geschichte der Nutzpflanzen verborgen.

Z wie Zwiebelturm

Der Zwiebelturm ist eine Turmform, die für die Barockzeit typisch ist. Die bauchige Zwiebelform wird erreicht, indem Kupferbleche in mehreren Lagen auf einen Holzunterbau aufgetragen werden, wobei die oberste Kupferlage mit der Zeit die klassische Grünspanfärbung annimmt. Die Verbreitung der Zwiebeltürme auf Kirchen und Schlössern geht mit den prachtvollen Ausgestaltungen im Zuge der Gegenreformation und dem Erstarken der katholischen Kirche im 18. Jahrhundert einher. Berühmt sind auch die Zwiebeltürme der orthodoxen Kirchen in Osteuropa.

Sagenhafter Lauch

Der Zwiebel- und Knoblauchgeruch, aber auch die Zwiebelform, die Zehen des Knoblauchs und die vielen Schichten der Zwiebel und ihr unterirdisches geheimes Wachstum waren auffällig und faszinierend für den Menschen. Durch Erproben und jahrhundertelange Erfahrung im Umgang mit Lauchgewächsen entdeckte man auch ihre vielfältigen Heilwirkungen und bald wurden ihnen auch weitaus mehr Kräfte zugeschrieben, als sie wirklich besaßen. So avancierten Bärlauch, Knoblauch und Zwiebel zu heiligen Pflanzen in frühen Kulturkreisen bei den Babyloniern, Ägyptern, Kelten oder Germanen. Der Bärlauch besaß die Kraft des Bären und galt als Frühlingsbringer, die Zwiebel war der ägyptischen Göttin Isis geweiht und dem Knoblauch wurden in Indien sogar Lieder gedichtet. Diese Erfahrungen und Kenntnisse wurden durch die Wirren der Völkerwanderung in Bruchstücken – und man könnte fast sagen unterbewusst im Volksglauben – ins Mittelalter tradiert und die Wurzel zur Mystifizierung der Lauchgewächse war gelegt.

Regeln für den Zwiebelbauern

Schon beim Anbau von Zwiebeln sind Regeln zu beachten, um eine gute Ernte zu erhalten. So gehen aber die Meinungen, bei welcher Mondphase Zwiebeln zu setzen sind, diametral auseinander. Die einen schwören auf Neumond, manche halten sich an den zunehmenden, die Gegenpartei an den abnehmenden Mond und für einige sollen Zwiebeln nur unter Vollmond gesetzt werden. So gesehen, darf man Zwiebeln eigentlich immer anbauen.

Die Aussagen, unter welchem Stern Zwiebeln gepflanzt werden sollen, sind da schon einheitlicher: Im Zeichen des Steinbocks gesetzt, sollen sie fest und hart werden, im Wassermann hingegen werden sie weich und faulig.

Auch die Lostage spielen beim Zwiebelbauen eine Rolle: Zwiebeln zu Mariä Himmelfahrt in die Erde gebracht, sollen sehr groß und mit einem Pflanztermin am Karfreitag sollen sie sehr gut werden. Hier werden die Tränen, die an diesem Tag für Christus vergossen wurden, mit den Tränen beim Zwiebelschneiden in Verbindung gebracht. Jedoch am Gründonnerstag gesetzte Zwiebeln sollen stark in Blüte und Samen gehen.

Man kann aber auch dem Austreiben, also dem Blühen der Zwiebel, schon vor dem Pflanzen entgegenwirken: Am Andreastag hinter den Ofen gehängt oder zu Martini vor 12 Uhr zusammengebunden, soll im nächsten Jahr die Blütenbildung verhindern.

Schlussendlich gibt es noch eine Grundregel, die es – egal zu welcher Tages- und Nachtzeit – beim Anpflanzen zu beachten gilt: Man solle sich beim Zwiebelstecken ja nicht aufrichten oder in die Höhe blicken, sonst wachsen die Zwiebel in den Himmel (sie setzen zur Blüte an und schießen ins Kraut). Dazu wird noch ein absolutes Sprechverbot gefordert. Vorgaben, die in der modernen Handyära und mit automatischen Setzmaschinen nicht leicht zu erfüllen sind.

Eine altbekannte Überlieferung ist auch die Übertragung von Gefühlsregungen auf die Größe und den Geschmack der Zwiebeln. So soll man sich beim Pflanzen ärgern oder in Hitze geraten, dann gedeihen die Zwiebeln gut und werden besonders scharf.
Die Überlieferung, dass durch die Begegnung mit einem bärtigen Mann während des Zwiebelsäens die Ernte aus lauter „Zwiebelmanderln" (lang gestreckte und ovale Zwiebelform) besteht, lässt sich bei heutigem kontrolliertem Saatgut statistisch nicht beweisen.
Schon in Richtung eines Fruchtbarkeitsrituals geht der Brauch des „Zwiebelwälzens" oder „Zwiebellatschens" zu Johanni (21. Juni). Hier wälzt man sich im Zwiebelfeld oder tritt die Schläuche um, damit sie nicht ins Kraut schießen. Vergleiche mit dem alten Brauch des Hochzeitslagers im üppig wachsenden Feld bieten sich an. Besonders wenn man an den Glauben in Brandenburg denkt, wo die Zwiebelblätter von einem nackten Mann umgeknickt werden sollen.
Die Sommersonnenwende dürfte für Zwiebeln überhaupt ein wichtiger Tag sein: Denn werden sie zu Johanni nicht gebunden, verschwinden sie in der Erde.
Und zum Abschluss noch ein Tipp für Hobbygärtner: Zwiebeln bei Rosen gepflanzt, sollen den Duft der Blüten verstärken.

Zwiebel als uralte mystische Pflanze

Im alten Ägypten war die Zwiebel der Mondgöttin und Zauberin Isis geweiht. So soll einer der Isis geweihten Jünglinge im Nil ertrunken sein, als er Zwiebeln ernten wollte. Es war Priestern verboten, Zwiebeln zu essen, weil man glaubte, dass ihr Wachstum wie der Zyklus der Frau dem Mond folge. Die Hieroglyphe für den immer veränderlichen Mond ist die Zwiebel.
Da die Zwiebel die Pflanze war, die dort wuchs, wohin der Teufel seinen rechten Fuß setzte, als er aus dem Paradies vertrieben wurde (aus dem linken Hufabdruck spross ja der Knoblauch), ist sie eine mächtige magische Pflanze. So soll sie an der Stubendecke oder über der Türe aufgehängt, alles Böse abhalten und im Stall vor Seuchen, ja sogar vor Hexen und Verhexung schützen. Die Zwiebelzöpfe müssen jedoch jedes Jahr erneuert werden, denn sie verlieren ihre Kraft im Laufe der Zeit.
Bei Pestepidemien sollen Zwiebeln die „böse Luft" in sich aufnehmen und unschädlich machen. Eine schwarz gewordene Zwiebel im Krankenzimmer hat die Krankheit aus dem Kranken herausgezogen. In England und den USA werden noch heute Zwiebeln aufgehängt, um sich vor Fieber und anderen Krankheiten zu schützen.
Zwiebeln wurden als Schutz vor Seuchen mit sich geführt, in der Kappe getragen oder in Unterröcke genäht, alles sollte vor Krankheit schützen. Sogar bei oder nach der Geburt wurden Zwiebeln gegessen oder verbrannt.
Im Riesengebirge glaubte man, dass zu Pauli Bekehrung (25. Jänner) gefertigte Hühnernester aus Zwiebelstroh die Legetätigkeit der Hühner steigern.
Ein aussterbender Brauch ist auch das Braunfärben der Eier zu Ostern mit Hilfe einer Zwiebelschale.

Vielen dieser Bräuche, aber auch dem Aberglauben liegt etwas zu Grunde, das Zwiebel und Knoblauch (der ja eine ähnliche Wirkung gegen das Böse hat, siehe unten) gemeinsam haben: der intensive scharfe Geruch, der alle negativen Dämonen vertreiben und die Lebensgeister wieder erwecken sollte.

Zwiebelorakel

Ein wichtiges Witterungsorakel ist das Zwiebelorakel: Hier werden in der Christ-, Silvester- oder Thomasnacht zwölf Zwiebelschalen (ausgehöhlte Zwiebel) mit Salz bestreut aufgestellt. Am nächsten Morgen wird dann kontrolliert, welche Zwiebelschalen Wasser enthalten und welche nicht. Da jede Zwiebelschale für ein Monat steht, wird daraufhin auf die zu erwartende Niederschlagsmenge in diesem Monat geschlossen. Es ist ein Brauch, der über ganz Europa verbreitet ist.

Zwiebeln sollen auch für Glücksnummern für das Lottospiel herhalten und gelten generell als Zukunftsorakel für Glück und Unglück: Zwei am Johannestag geschnittene Schlotten (Blätter) der Zwiebel stehen für Glück und Unglück. Welche am nächsten Tag höher gewachsen ist, offenbart dem Fragenden sein Schicksal. Auch für eine bevorstehende Heirat kann man Zwiebeln befragen, das reicht so weit, dass sich das Abbild des Zukünftigen in der Zwiebel zeigt.
Auch in der Traumdeutung hat die Zwiebel ihren fixen Platz, wobei es auch hier zumeist um Glück und Unglück geht (siehe auch „Kunterbuntes Zwiebelalphabet").

Knoblauchkräfte

Da es heißt, dass der Knoblauch dort wuchs, wohin der Teufel seinen linken Fuß setzte, als er das Paradies verließ, muss der „Knofel" ein besonderes Kraut sein.
Seine Heilwirkung und sein Geruch verleiteten alle Kulturkreise, dem Knoblauch Wirkungen zuzuschreiben, die ins Mystische reichen. So soll laut Plinius, dem berühmten römischen Naturgelehrten, Knoblauch sogar gegen Schlangenbisse helfen und in Zeiten großer Seuchen soll Knoblauch mitgetragen, gegessen, in der Stube aufgehängt, die Seuche vertreiben oder abhalten.
Besonders oft und in vielen Kulturkreisen wird Knoblauch als potenzsteigerndes Mittel genannt. So empfiehlt der römische Dichter Vergil die „weiße Zwiebel" als die Manneskraft steigerndes Mittel und der Botaniker Leonhard Fuchs beschreibt ihn mit „Knoblauch macht Neygung zum Schlaff und Lust zu den ehelichen Wercken".
In Indien wurde das Fest des Knoblauchs auf den Dächern der Häuser veranstaltet, wobei – wie es im Knoblauchlied heißt – „die Frauen für die Vergnügungen auf den Dächern der Häuser dieses Mittel zur Gewinnung der Männer einsetzen".
Interessant ist, wenn man diese Sache genauer (und auch durch die Brille unseres Kulturkreises) betrachtet: Einerseits ist der Knoblauch durch seine Wirkung, die Blutgefäße zu erweitern, sicherlich als anregend zu bezeichnen. Andererseits stellt sich die berechtigte Frage, wie der Angebetete oder die Liebste auf den intensiven Knoblauchgeruch („Knoblauch geht durch die Poren"), den man verströmt, reagiert? Knoblauch gilt generell als Mittel, um das Blut in Wallung zu bringen. Griechische Athleten aßen ihn, um die Kampfeslust zu stärken, wobei er im Tempelbereich verboten war. Er beleidige die Nase der Götter, hieß es.

Knoblauch wurde aber auch an Kampfhähne verfüttert, um sie für den Kampf aggressiver zu machen.
Für Heilung und Schutz wurden Babys mit Knoblauchöl eingerieben, die Knoblauchzehen an einem Band um den Hals gegeben und sogar in ihre Schuhe gesteckt.

Knoblauch und Vampire

Die klassische Verwendung von Knoblauch in der Mystik ist mittlerweile in vielen Varianten in Film und Literatur populär gemacht worden: als Abwehrmittel gegen Vampire, Hexen und andere dunkle Gestalten. Ein Holzpfahl, Silbernägel und Knoblauchzehen gehören zur Grundausrüstung des engagierten Vampirjägers. Es soll vor allem der mitgetragene Knoblauch, als Zehe in der Tasche, als Anhänger einer Kette um den Hals oder als aus Knoblauch geflochtener Kranz vor den Blut saugenden Dämonen helfen und vor ihrem Biss schützen. Auch Knoblauchsaft soll helfen, wenn die bevorzugten Bissstellen wie Hals und Hände damit eingerieben werden. Dieser Glaube ist so tief verwurzelt, dass man sich unwillkürlich fragt, ob hier nicht ein Körnchen Wahrheit steckt.
Dass es Graf Dracula als historische Figur Vlad Tepes (1431–1476) gegeben hat, steht außer Frage. Nur war er nicht das Blut saugende, Licht scheuende Geschöpf, sondern ein feudaler Adeliger seiner Zeit mit harter Hand und einem Hang zu Grausamkeiten. Seine bevorzugte Hinrichtungsart war das Pfählen, das ihm den Namen „Tepes" (Pfahl) einbrachte. Der Name „Dracula", unter dem er im Horror- und Gruselgenre bekannt wurde, stammt von seinem Vater, der Vlad Dracul genannt wurde, wobei der Ausdruck Dracul vom Orden der Drachenritter stammt.

Bärlauch, der „Zaubärlauch"

Bärlauch war für Kelten und Germanen eine heilige Pflanze. Ihm werden im Großen und Ganzen dieselben Kräfte nachgesagt wie dem Knoblauch. So glaubten die Germanen, dass der Bär übernatürliche Kräfte besitzt. Mit dieser Macht vertreibt er den Winter, sobald er ausgeschlafen hat und gilt deshalb als Frühlingsbringer. Mit dem Verzehr von Bärlauch geht die Kraft des Bären auch auf die Pflanze über und verleiht ihr damit ebenfalls „Bärenstärke".
Mit seiner Blüte im Mai gilt der Bärlauch als die die Kraft des Frühlings symbolisierende Pflanze. Der Ausdruck „Rams", wie der Bärlauch auch bezeichnet wird, wird mit Kraft, Stärke und Schärfe und auch mit dem Widder in Verbindung gebracht.
Das Aussehen der Blüten gab dem Bärlauch einen weiteren Namen und Verwendungsbereich. Die Blüten sitzen wie Pfeilspitzen auf einem langen Schaft und wurden dadurch mit einem Speer verglichen. Dadurch setzte man auch auf die Heilwirkung des Bärlauchs bei Hieb- und Stichwunden, wobei sich die antiseptische Wirkung der Lauchpflanze sicherlich hilfreich auswirkte. Aus diesem Grund wurde der Bärlauch im Mittelalter auch „Speerlauch" genannt.

6

zwiebel-anbau

BEIM LANDWIRTSCHAFTLICHEN ANBAU VON ZWIEBELN SIND EINIGE GRUNDREGELN ZU BEACHTEN, DIE FÜR EINE GUTE ERNTE UNERLÄSSLICH SIND.

„Zwiebeln sind wie Ziegen, sie brauchen Zuwendung und Ansprache, damit sie gedeihen und sich wohl fühlen"
(Zitat eines erfolgreichen Zwiebelbauern aus dem Waldviertel)

Zwiebelanbauregeln

Boden

Einer der maßgeblichen Faktoren für das Gedeihen der Zwiebel ist der Boden. Die Zwiebelpflanze – und hier differieren die Ansprüche der einzelnen Sorten kaum – braucht leichte Böden mit guter Drainage. Das sind sandige Lehmböden und Lössböden, auch Moorböden, aber nur, wenn sie eine gute Entwässerung aufweisen. Tonböden mit der Gefahr von Staunasse sind ungeeignet. Der Säure-Basen-Gehalt des Bodens sollte ausgeglichen sein, der optimale Bereich des pH-Werts liegt zwischen 6,5 und 7,2.

Klima

Die ursprüngliche Steppenpflanze Zwiebel liebt warmes Sommerklima mit viel Sonneneinstrahlung in ihrer Hauptwachstumsphase. Damit sind Regionen mit einer Niederschlagsmenge von unter 800 mm im Jahr besonders günstig für den Anbau von Zwiebeln. Besonders zur Zeit der Reife und Ernte sollte die Witterung permanent warm

und trocken sein, damit die Zwiebeln gut abtrocknen können und dadurch eine gute Lagerfähigkeit erreichen. Zu große Trockenheit während der Wachstumsphase im späteren Frühjahr ist jedoch auch nicht optimal; hier sollte im geringen Maß bewässert werden (maximal 20 mm pro Beregnung).
Leichter Frost (Spätfrost) während der Keimung fügt kaum Schaden zu, eine windoffene Lage der Felder wird als günstig angesehen, weil dadurch die Krankheitsanfälligkeit reduziert wird.

Tageslänge

Die Zwiebelpflanze reagiert auch auf die Tageslänge! So wird die Bildung der Zwiebel als Speicherorgan durch die Tageslänge ausgelöst. Hier zeigen die Sorten, die in die Großgruppen Winter- und Sommerzwiebel zusammengefasst werden, unterschiedliche Bedürfnisse.
Die Winterzwiebeln, auch Kurztags- oder Japanische Zwiebeln genannt, setzen zur Zwiebelbildung bei einer Tageslänge von unter zwölf Stunden an, kommen also mit den Lichtverhältnissen im Frühjahr besser zurecht.
Die Sommerzwiebeln werden nach ihren Lichtansprüchen in zwei Typen unterteilt: in den intermediären Typus – auch gerne als Amerikaner bezeichnet – und in den Rijnsburger Typus.
Die intermediären Sorten brauchen zur Zwiebelbildung eine Tageslänge von 12 bis 15 Stunden. Sie werden als Sommerzwiebeln in Süd- und Mitteleuropa verwendet und brauchen die lange Lichteinstrahlung der Sommertage.

Fruchtfolge

In der Bio-Fruchtfolge stehen Zwiebeln am günstigsten im dritten oder vierten Jahr nach Klee- oder Gründüngung. Als Vorkultur für den Anbau im Frühjahr eignet sich Getreide mit einer anschließenden abfrierenden Gründüngung.
Für die Aussaat im Herbst sind frühe Kartoffeln oder Hülsenfrüchte wie Erbsen oder Bohnen empfehlenswert. Zwischen dem Anbau von Zwiebelgewächsen (Zwiebel, Lauchzwiebel, Porree, Knoblauch) auf demselben Feld sollte eine Pause von mindestens vier Jahren liegen.
Generell sollten für den Zwiebelanbau keine zu großen Housernterückstände in der Bodenkrume verbleiben.

Nährstoffe und Düngung

Eigentlich ist die Zwiebel eine eher genügsame Pflanze und stellt – dank ihrer Steppenvorfahren – keine zu großen Ansprüche. Wenn eine Düngung notwendig erscheint, sollte sie vor der Pflanzung erfolgen. Eine Düngung innerhalb der Wachstumsperiode sollte vermieden werden, weil eventuell die Reifung dadurch verzögert und der Befall durch Zwiebelfliegen begünstigt werden kann.

Kalium und Phosphor

Zwiebeln benötigen viel Phosphor und Kalium. Die Versorgung mit Kalium ist wichtig für eine gute Lagerfähigkeit. Bei normal fruchtbaren Äckern und einer geregelten Fruchtfolge reichen eine Kompostdüngung und gegebenenfalls eine schwache Kalidüngung (bei Bio-Anbau nur zugelassene organische oder Mineraldünger) aus.

Stickstoff

Er ist für die erste Sprossung wichtig, kann aber, weil „die Zwiebel zu stark ins Kraut schießt", bei der Zwiebelbildung und der Abreifung von Nachteil sein. Bei einer Gründüngung in der Vorsaison sollte bei einer durchschnittlichen Bodengüte die Stickstoffversorgung für die Zwiebeln gegeben sein.

Vorbereitung der Anbaufläche

Zwiebel wird als konkurrenzschwach bezeichnet, das bedeutet, dass sie gegenüber dem Unkraut im Nachteil ist. Damit sollte für den Zwiebelanbau ein Feld gewählt werden, das relativ unkrautfrei bis unkrautarm ist. Damit sind auch die Unkrautsamen gemeint. Um die Menge der keimfähigen Unkrautsamen zu vermindern, wird noch vor der Aussaat eine Unkrautkur durchgeführt. Dabei lässt man das Unkraut keimen, striegelt und eggt das Feld und vernichtet damit die Unkrautsaat. Diese Kur kann mehrmals vor der Aussaat durchgeführt werden.

Zwiebelfelder müssen gut vorbereitet und mehrmals gejätet werden

Anbau

Für den Zwiebelanbau sind mehrere Möglichkeiten gegeben: die direkte Aussaat mit Samen, das Stecken von Steckzwiebeln oder das Setzen von Zwiebelpflanzen. Die Direktsaat hat den Vorteil des preisgünstigen Saatguts und einer zumeist guten Lagerfähigkeit der Zwiebeln, erfordert aber mehr Arbeitsaufwand beim Jäten wegen der langen Keimphase und verlängert die Kulturdauer um 20 bis 30 Tage. Die Sortenauswahl ist größer und damit sind auch tolerante Sorten gegenüber Schädlingsbefall (zum Beispiel Falscher Mehltau) erhältlich.
Die Pflanzung mittels Steckzwiebeln ist die gängigste Methode des Zwiebelanbaus und ist gegenüber der Direktsaat weitaus weniger arbeitsintensiv, es muss weniger auf die „Unkrautarmut" des Feldes geachtet werden und die Kulturdauer ist deutlich kürzer. Als Nachteile sind die höheren Kosten für das Saatgut und das geringe Angebot von Sorten mit Schädlingstoleranz zu verzeichnen.
Das Setzen von Zwiebelpflanzen schafft die kürzeste Kulturphase auf dem Feld, wobei die Konkurrenzfähigkeit gegen Unkraut erhöht wird und stark an Arbeitseinsatz eingespart werden kann.
Tolerante Sorten gegen Schädlingsbefall (Falscher Mehltau) stehen zur Verfügung. Der Nachteil sind die relativ hohen Kosten der Zwiebelpflanzen.

Krankheiten & Schädlinge

Trotz ihrer Inhaltsstoffe werden auch Lauchgewächse von Schädlingen befallen. Besonders gefährdet sind Monokulturen, wie es große Zwiebelfelder darstellen. Viele der Zuchtsorten sind zwar gegen einige der Krankheiten und Schädlinge resistent, doch gerade ungünstiges Klima (zumeist zu hohe Feuchtigkeit in der Reifephase vor der Ernte) begünstigen den Befall.

Vorbeugende Maßnahmen gegen jeglichen Befall sind:

- **Anbau auf von Wind begünstigten Flächen**
- **keine Muldenlage und Staunässe**
- **Anbau auf Flächen mit Morgensonne zur schnellen Tautrocknung**

Bei Befall sollte eine Anbauunterbrechung von mindestens fünf Jahren zu allen Lauchgewächsen und mindestens zwei, besser drei Jahre zu Sellerie, Fenchel und Karotten eingehalten werden.

Im Weiteren werden die häufigsten Krankheiten und Schädlinge beschrieben.

Viele Pilzkrankheiten zeigen sich erst während der Lagerung

PILZBEFALL AUF ZWIEBELN

Blattfleckenkrankheit *Botrytis* (Pilzkrankheit)

Die Blätter der Zwiebel zeigen gelbweiße eingesunkene Flecken, bei verstärktem Auftreten können die Blätter absterben. Feuchte Witterung begünstigt das Wachstum und die Ausbreitung des Pilzes.

Zwiebelhalsfäule *Botrytis allii* (Pilzkrankheit)

Der Befall beginnt am Zwiebelhals, bei der noch grünen Pflanze werden die Schlotten zuerst glasig und sterben schließlich ab. Ein grauer Pilzrasen entsteht auf den Blättern und der Zwiebel. Da der Pilz aber meist erst beim Verdorren des Laubes in den Zwiebelhals eindringt, werden die Ausmaße der Schädigung erst bei der Lagerung deutlich. Die Gefahr dieser Krankheit besteht vor allem während der Lagerung. Die Übertragung findet meist durch das Saatgut statt.
Die Pilze können auch Schalotten und Schnittlauch befallen.

Zwiebelbrand (Pilzkrankheit)

Auf den Blättern und auf der Zwiebel erscheinen schwarze Streifen, das Gewebe ist hier mit Sporen gefüllt. Die Zwiebel bleibt anfangs mit dem Wachstum zurück und stirbt später ab.

Mehlkrankeit (Pilzkrankheit)

Die Zwiebel wird im Bereich des Wurzelbodens befallen und von einem weißen Pilzbewuchs bedeckt. In Folge verrotten die Blätter an der Basis und sterben ab. Die Dauerorgane des Pilzes überwintern im Boden oder auf Winterzwiebeln. Die Mehlkrankheit kann auch Schnittlauch und Knoblauch befallen.

Falscher Mehltau (Pilzkrankheit)

Nach einem samtartigen Überzug (besonders am Morgen während des Taus gut zu beobachten) der Sporen auf den Blättern erfolgt ein Vergilben und schließlich ein Absterben der Blätter. Bei anhaltender Feuchtigkeit kann die Krankheit epidemische Ausmaße erreichen. Die Übertragung kann durch überwinternde Zwiebeln und Pflanzenreste erfolgen, die Infektionsgefahr ist besonders bei hoher Luftfeuchtigkeit (über 90 %), bei feuchten Blättern und während Regen und Tau gegeben.

Rost (Pilzkrankheit)

Rost ist eine Blattkrankheit, die in braunroten Pusteln auf den Schlotten sichtbar wird. Bei starkem Befall kann das Blatt absterben.

Gegenmaßnahmen bei Befall von Pilzen sind kaum möglich, wichtig sind eine möglichst lange Anbauunterbrechung und eine Vernichtung des befallenen Materials.

SCHÄDLINGE

Zwiebelthrips *Thrips tabaci*

Die Schädigung der Pflanze ist besonders in heißen Sommern beträchtlich, die Larven der Schädlinge leben zwischen den Blattschäften und sind durch kleine weiße Flecken auf den Blättern erkennbar. Thripse gehören zu den Fransenflüglern *(Thysanoptera)* und sind 1 bis 2 mm lang. Die zwei Paar Flügel sind – wie der Name sagt – fransig, wodurch sie schlechte aktive Flieger sind und sich durch den Wind vertragen lassen.
Maßnahmen gegen einen Befall sind schwer zu setzen. Wichtig ist eine ständige Kontrolle und bei Befall das Feld in kurzen Intervallen zu bewässern (dabei kann allerdings Pilzbefall gefördert werden). Nur bei starkem Befall sollte mit Wirkstoffen behandelt werden, da ja alle Insekten, „Freund und Feind", von der Vergiftungsaktion betroffen sind. Natürliche Feinde des Thrips sind Ameisen, Marienkäfer, Florfliegen oder Schwebfliegenlarven.

Lauchmotte *Acrolepia*

Die Larven fressen Löcher in die Blätter, minieren in ihnen und vertilgen die Blattmasse. Im weiteren Befall können sie auch Gänge in die Zwiebel bohren.

Zwiebelfliege *Delia antiqua*

Die Zwiebelfliege legt ihre Eier auf die Blätter, die daraus schlüpfenden Larven fressen unregelmäßige Gänge direkt unter der Blattoberfläche, wodurch die Blätter absterben können. Gefährlich ist dabei, dass in die Fraßgänge Bakterien eindringen, die zusätzlich eine Pflanzenfäule hervorrufen können. Die Bakterien wirken nicht störend auf die Zwiebelfliegenlarven, sie begünstigen deren Wachstum sogar. Die Fliegen treten ab April bis Oktober auf, wobei mehrere sich teilweise überlappende Generationen die Zwiebeln schädigen können.
Systematisch stellt man die Zwiebelfliege zur Familie der Blumenfliegen.

Bekämpfung der Zwiebelfliege

Es besteht die Möglichkeit, Fliegenfallen (Wasserfallen, Klebefallen) aufzustellen oder die Pflanzen mit Netzen zu schützen. Natürlich können die Zwiebelpflanzen auch mit Insektiziden behandelt werden, doch sollte nicht vergessen werden, dass dabei auch die Nützlinge getötet werden.

Das Bio-Zwiebelbauernjahr

Die Zwiebel ist keine Frucht, die problemlos ausgesät wird und nach Monaten des Wachsens und Reifens ohne viel Zutun einfach geerntet und sofort an den Händler oder an uns Verbraucher weitergegeben werden kann. Der Jahresablauf eines Zwiebelbauern ist mit vielen Arbeitsschritten ausgefüllt, damit die Zwiebel nicht nur gesund und kräftig wächst, sondern auch ordentlich ausreift und adäquat gelagert wird, damit wir das ganze Jahr saftige und gesunde Zwiebeln auf Märkten und in Gemüseläden vorfinden können.
Beim Bio-Zwiebelbauern ist die Arbeit noch um einiges intensiver, da Feldarbeit und Lagerung durch strenge Bestimmungen reglementiert sind und die Arbeit auf den Zwiebelfeldern ohne Einsatz von herkömmlichen Spritzmitteln und chemischem Dünger weitaus aufwändiger ist.
Ein Streifzug Seite an Seite mit einem Bio-Zwiebelbauern zeigt die vielen Schritte von der Steckzwiebel bis zur saftigen Bulbe (so wird die Zwiebel in der Fachsprache genannt), die wir dann goldglänzend oder im saftigen Dunkelrot in den Kisten des Gemüsestandes wieder finden.
Die Feldarbeit eines Bio-Zwiebelbauern beginnt je nach Witterung und Region im März beziehungsweise im April. Nachdem die Felder, die im Herbst geackert und gegebenenfalls mit den für den Bio-Bauern erlaubten Düngemitteln verbessert und ein- bis zweimal geeggt wurden, kommt der so genannte „Zwiebelsetzer" zum Einsatz. Diese Setzmaschine fährt langsam über das Feld, wobei die Steckzwiebeln automatisch in vier Reihen in einem Abstand von ca. 35 cm gesetzt werden. Diese Ordnung,

die die Setzmaschine hinterlässt, fällt auch beim Betrachten eines Zwiebelfeldes auf: Jeweils vier Reihen Zwiebelpflanzen und der Fahrspur des Arbeitsgerätes folgen aufeinander. Dieses Vierreihensystem zieht sich übrigens durch die gesamte Feldarbeit und die Maschinen sind auf diese Breite ausgelegt, sodass immer nur dieselben Fahrspuren verwendet werden können.

Die Zwiebel kann auch als Samen gesät werden, oftmals wird jedoch die sichere, aber auch teurere Pflanzung mit 2 bis 3 cm großen Steckzwiebeln gewählt. Bei Samensaat sind die regelmäßigen Abstände der Zwiebelpflanzen nicht gegeben, es müsste vereinzelt oder nachgezogen werden und die Dauer bis zur Reife verlängert sich um einige Wochen. Oft werden Zwiebeln aus Samen zuerst auf Saatbeeten und -feldern, die mit Folie abgedeckt sein können, vorgezogen und dann erst auf dem eigentlichen Feld ausgesetzt. Es sind aufwändige Arbeitsschritte, die mit Steckzwiebeln elegant umgangen werden können.

Das Saatgut in Österreich kommt übrigens zumeist aus den Niederlanden. Neuerdings wird jedoch von vielen Betrieben im Inland vermehrt eigenes Saatgut gezogen und teilweise sogar im Handel angeboten. Dieses Saatgut unterliegt strengen Kontrollen.

Bevor die Zwiebelsprossen die Erde durchbrechen, haben schon längst die lästigen Mitbewohner der Nutzpflanzen, die „Unkräuter", ihr Wachstum begonnen. Zwiebeln haben eine relativ lange Keimzeit und so bedeckt schon bald eine Vielzahl von Ackerbeikräutern das Feld. Um diese unerwünschten Nährstoffkonkurrenten zu bremsen, muss ein erstes Mal gejätet werden. Das erfolgt zumeist händisch und wird, nachdem man die Zwiebelpflanzen noch nicht sieht, gerne als „Blindhacken" bezeichnet. Manche Betriebe haben dafür eine radikale, aber wirksame Methode gewählt: Sie flämmen das sprießende Unkraut bei einer Temperatur von rund 1.800 Grad Celsius ab. Die Zwiebeln sind dabei durch die Erdkrume vor der Hitze geschützt. Bei dieser Unkrautvernichtung ist jedoch der Zeitpunkt genau zu wählen, um nicht auch die frischen Zwiebeltriebe zu versengen.

In den nächsten Monaten schießt die Zwiebel kräftig ins Kraut und muss nun ein zweites Mal von Unkraut befreit werden. Nun wird – wie seit Jahrhunderten – händisch gejätet, andere vor allem maschinelle Methoden würden die Zwiebeln schädigen. Dies ist ein Unterfangen, das nur durch die schweißtreibende Tätigkeit vieler Mitarbeiterinnen und Mitarbeiter zu bewerkstelligen ist. Findige Zwiebelbauern haben auch hier schon eine Erleichterung der Arbeit erfunden: Um sich das anstrengende und mühsame Bücken zu ersparen, wird an einer Zugmaschine eine Plattform befestigt, auf der die Jäter bäuchlings liegen und langsam über jeweils vier Reihen gezogen werden.

Der nächste Arbeitsschritt erfolgt, wenn der „Schlauch fällt", das heißt, wenn die Hauptröhre der Zwiebel abknickt und damit auch das Ende der Vegetationsperiode anzeigt. Die Zwiebel beendet nun ihren Stoffwechsel, der das Speicherorgan „Bulbe" (die Zwiebel) saftig rund anwachsen ließ. Sie hat nun genug Kraft für ihre Blüte im nächsten Jahr gesammelt.

Während der Lagerung sind die Speisezwiebeln noch ungeputzt

Nun wird das Kraut abgehäckselt, ein maschineller Arbeitsschritt, der eine vorbeugende Maßnahme gegen Schädlinge, vor allem Pilze, ist. Die Pilze setzen sich vor allem im Kraut, im feuchten Bereich zwischen den Blättern, fest und wandern dann langsam in die Zwiebel. Das kann vor allem in feuchten Sommern zu einer Gefährdung der gesamten Ernte führen.

Im Spätsommer werden nun die Zwiebeln durch einen speziellen „Zwiebelernter" geerntet. Diese Maschine löst die noch hellen Zwiebeln von jeweils vier Reihen aus der Erde und legt sie in Scharen, den so genannten „Schwaden", zusammen.

In warmen, trockenen Regionen können die Zwiebeln nun auf dem Feld weiter getrocknet werden. Später werden sie in überdachten Bereichen weiter gelagert.

In feuchteren Regionen, wo es kaum zu einer Trocknung der Zwiebel auf dem Feld kommen kann, sondern bei langer Feldlagerung ein Schädlingsbefall sogar noch begünstigt wird, werden die Zwiebeln schon nach ein bis zwei Tagen gesammelt und in Kisten in ein Lager überstellt. Hier wird auf künstlichem Weg das herbeigeführt, was im sonnigen Herkunftsland ohne Schwierigkeiten funktioniert: Bei 28 Grad Celsius werden die Zwiebeln ausgereift, das Kraut wird dürr, die Schale papierartig und nimmt die typische braune oder dunkelrote Farbe an.

Sobald der Trocknungsvorgang abgeschlossen ist, wird die Temperatur auf 0 Grad Celsius abgesenkt, was eine Lagerung bis ins Frühjahr gewährleistet. Diese Trocknungs- und Lagerhallen verfügen über eine computergesteuerte Temperatur- und Luftfeuchtigkeitsregelung mit einem ausgeklügelten Lüftungssystem, das über Fühler zwischen den gelagerten Zwiebeln das Klima permanent kontrolliert und konstant hält.

Vollklimatisierte Lagerhalle: Bedingungen wie während der Winterruhe

Bei diesen Lagerbedingungen wird die Zwiebel in Winterruhe versetzt, die Pflanze wartet auf ein Ansteigen der Temperatur, um wieder austreiben zu können. Teilweise wird noch Äthylen, ein Stoff, den die Pflanze auch selbst produzieren kann, um die Sprossung einzuschränken, eingesetzt, um die Keimruhe zu verlängern, damit die Zwiebel nicht „auswächst". Das gewährleistet die Verfügbarkeit von gesunden Zwiebeln von der Ernte bis ins späte Frühjahr.

Bevor die Zwiebeln nun auf den Markt kommen, werden sie gesäubert und nach Größe sortiert. Auf einem Fließband wandern sie in den Zwiebelschneider, wo sie über einen Gitterrost mit einem darunter rotierendem Messer rollen. Dort werden die Wurzeln und das getrocknete Kraut abgeschnitten. Denn die Anforderungen an eine Qualitätszwiebel sind hoch: Keine Wurzeln, das Kraut soll nicht länger als 5 cm sein und die Größe innerhalb einer Lieferung muss einheitlich sein und darf nur eine geringe Größenvariation aufweisen.

Zugleich lösen sich durch die Bewegung auf dem Fließband und auf dem Rost die losen Schalenteile.

Der weitere Weg auf dem Fließband führt die Zwiebeln zu einer ersten händischen Kontrolle, wo verletzte oder befallene Zwiebeln, wie sie vereinzelt auftreten, sofort ausgesondert werden. Danach gelangen die geputzten Zwiebeln auf einem weiteren

Vor dem Verkauf: Säuberung und Sortierung auf dem Fließband

Fließband in die Sortieranlage, wo durch bewegte Gitterroste mit verschiedener Lochgröße eine Aufteilung nach Größe erfolgt. Als Erstes rollen sie über einen bewegten Rost mit der kleineren Lochung, dann über einen mit dem größeren Durchmesser der Löcher. Auch die Sortierung wird von Arbeitern überwacht, Zwiebeln mit Schäden, die sich bei der ersten Kontrolle „durchgeschummelt" haben, werden entfernt und zu kleine oder riesige Zwiebeln werden ausgemustert. Unter den Rosten sind Rutschen angebracht, in denen die nun nach Größe sortierten Bulben, ohne dass Druckstellen entstehen, in Säcke oder andere Packeinheiten rollen. Bei vielen Sortieranlagen stehen die Transporteinheiten (Großsäcke oder Kisten) auf Waagen, die das gewünschte Füllgewicht entweder lautstark ankundigen oder automatisch beim erreichten Füllgewicht die Zufuhr stoppen.

Während dieser Herbst- und Lagerperiode geht aber die Feldarbeit weiter. Die ehemaligen Zwiebelfelder müssen umgeackert und andere, gemäß der Fruchtfolge, gedüngt und vorbereitet werden, um für den Zwiebelanbau im nächsten Jahr bereitzuliegen.

So gehen Ernte- und Lagersaison nahtlos in die Anbausaison über. Und ganz tief hinten, im Hinterkopf, regt sich eine kleine Frage, unscheinbar wie eine Zwiebelfliegenmade in einer Zwiebelschlotte: „Wann macht ein Bio-Zwiebelbauer eigentlich Urlaub?"

7

gärtnern mit zwiebeln

ZWIEBELN SIND EIGENTLICH AUSDAUERNDE PFLANZEN. IN DER LANDWIRTSCHAFT UND IM GARTEN WERDEN SIE NUR EINJÄHRIG GEHALTEN, DA WIR AM SPEICHERORGAN ZWIEBEL MEHR INTERESSIERT SIND ALS AN DER BLÜTE, DIE ZUMEIST AB DEM ZWEITEN VEGETATIONSJAHR GEBILDET WIRD.

So werden Steckzwiebeln, die, wenn sie geerntet werden, ja ihre erste Saison teilweise hinter sich haben, einer oftmaligen Behandlung unterzogen. Es wird ihnen mit Lagerbedingungen vorgegaukelt, dass es für sie, wenn sie gesteckt werden, so wirkt, als ob sie erst ihre erste Vegetationsperiode vor sich haben. Damit gehen sie nicht in Blüte, sondern treiben nur Kraut aus, das dazu dient, Energie im Speicher Zwiebel zu sammeln. Das funktioniert nicht immer zu hundert Prozent und auch gesäte Zwiebeln können bei besonderen Bedingungen schon im ersten Jahr – zum Leidwesen von Gärtnern und Zwiebelbauern – zur Blüte ansetzen. Dann bleibt nichts anderes übrig, als die Stängel mit den Blüteknospen zu kappen. Denn wenn die Zwiebel all ihre Kraft in die Bildung von Blüten und Samen steckt, bleibt das Speicherorgan Zwiebel klein und schlaff.

Generell kann man nach Anbauzeit Sommer- und Winterzwiebeln unterscheiden. Die Vorfahren der während der kalten Saison im Boden überdauernden Winterzwiebeln stammen zumeist aus kälteren Regionen Asiens.

TIPP

ZWIEBELN SIND IDEALE NACHBARN ZU MÖHREN (KAROTTEN), GURKEN, SALAT, TOMATEN, ERDBEEREN ODER DILL. MIT BOHNEN, ERBSEN UND KOHLGEMÜSE VERTRAGEN SIE SICH EHER SCHLECHT.

Steckzwiebelproduktion

Zwiebeln können mit Samen ausgesät oder mit Steckzwiebeln gezogen werden. Das Kultivieren von Steckzwiebeln ist einfach: Die aus den im März dicht ausgesäten Zwiebelsamen gekeimten Zwiebelpflanzen werden im Juli geerntet, die Zwiebeln getrocknet und kühl und trocken überwintert. Sie sind die Steckzwiebeln der nächsten Saison. Es gibt auch speziell gezüchtete Wintersteckzwiebeln, die im Herbst gesteckt werden, den Winter überdauern und im Frühjahr austreiben. Sinnvoll und sicherer ist es, die Zwiebeln angehäufelt oder mit Reisig überdeckt zu überwintern, dann kann ihnen auch stärkere Kälte nichts anhaben.

Steckzwiebeln kann man leicht selbst aus Samen ziehen

Die Vorbereitung

Das im Herbst umgestochene Beet wird gerecht, eventuell ein kalium- und phosphorhaltiger Dünger beigegeben, er ermöglicht festschalige und haltbare Zwiebeln. Kompost und eventuell Kali-Mineraldünger sind hier die vernünftigsten Beigaben für die benötigte Menge an Mineralstoffen.
Mit Stickstoff sollte zurückhaltend gedüngt werden, denn zu viel Stickstoff bedingt ein „Ins-Kraut-Schießen" und verhindert die Ausreifung der Zwiebel. Die Zwiebel braucht übrigens nicht so tiefgründigen Boden wie anderes Gemüse, ihre ererbten Ansprüche von der Wildform zeichnen sie als eher anspruchslos aus. Sie liebt aber die Sonne und Sommertrockenheit. Zugleich ist sie eher konkurrenzschwach gegenüber Unkräutern. Um so zu verhindern, dass die sehr lange keimende Zwiebel vom Unkraut überflügelt und beschattet wird, sollte das zukünftige Zwiebelbeet möglichst frei von Unkrautsamen sein. Ein dichter Bewuchs im Zwiebelbeet fördert auch den Befall von Pilzkrankheiten. Die Verarmung des Unkrautanteils kann man ähnlich wie in der Landwirtschaft mit einer Unkrautkur erreichen: Noch bevor die Zwiebel gesät oder die Zwiebelchen gesteckt sind, lässt man das Unkraut einmal keimen und arbeitet es als „Gründünger" durch Einhacken wieder in den Boden ein.
Weiters sollte das Beet noch vor der Aussaat mit Brettern („Brettschuhen") abgetreten und damit der Boden verdichtet werden.

Zwiebelanbau

Speisezwiebeln werden von März bis April gesät, große Gemüsezwiebelsorten brauchen länger zum Reifen und sollten vorkultiviert werden. So werden in Kisten oder Töpfen die Zwiebeln ab Mitte Februar vorgezogen und nach etwa zwei Monaten im Abstand von rund 25 cm ins Freiland gesetzt.
Nach einer alten Bauernregel sollen die am Benediktstag (21. März) gesetzten Zwiebeln am besten gedeihen: „Sankt Benedikt mach Zwiebeln dick."
Nach dem Ziehen von seichten Rinnen mit einer Tiefe von 1 bis 2 cm in ca. 20 cm Abstand werden die Zwiebelsamen nicht zu dicht ausgesät (ca. 50 Samenkörner auf einen Laufmeter) und mit Erde abgedeckt. Dann wird das Beet fest angeklopft oder abgetreten: Zwiebeln keimen umso besser, je fester die Samen in der Erde liegen. Nun heißt es warten, denn beim Keimen sind die Zwiebeln nicht die schnellsten.

TIPP

ZWIEBELN NICHT ZWEIMAL IN DEMSELBEN BEET PFLANZEN, SIE GEDEIHEN IN FRUCHTFOLGE BESSER.

Meist ist es notwendig, noch vor der Keimung das Unkraut zu entfernen und damit „blind" zu hacken. Nach drei bis vier Wochen erscheinen die zarten Spitzen der Zwiebelkeimlinge und es ist an der Zeit, eventuell zu dicht stehende Pflänzchen zu vereinzeln. Je größer der Abstand ist, umso größer werden die Einzelzwiebeln. Ein Abstand von 10 cm in der Reihe hat sich hier als günstig bewährt. Bei großzwiebeligen Sorten von Gemüsezwiebeln sollte die Entfernung der Zwiebeln zueinander noch größer sein.
In den folgenden Monaten ist beim Hacken und Auflockern des Zwiebelbeetes zu beachten, dass Zwiebeln Flachwurzler sind und man bei der Arbeit die Wurzeln nicht beschädigt. Ein zusätzliches Gießen ist nur bei extremer Trockenheit nötig, die Zwiebel ist von ihrer Herkunft eine Steppenpflanze. Zu große Feuchtigkeit fügt ihr nur Schaden zu und begünstigt Schädlinge.
Ende August bis Anfang September sollte das Zwiebelkraut beginnen einzuziehen, die Vegetationsperiode ist abgeschlossen. Man bemerkt das am Umknicken der Röhren. Tritt das nicht auf, sollte nachgeholfen werden, indem man die Röhren mit einem Rechen oder mit vorsichtigen Tritten umknickt. Erheben sie sich (bei feuchtem Wetter) wieder, ist der Vorgang zu wiederholen.
Wichtig ist der Zeitpunkt der Ernte. Zu früh geerntete Zwiebeln sind nicht sehr lange haltbar, zu lange in der Erde gelassen, beginnen sie von neuem zu treiben. Den Reifezustand erkennt man an der Festigkeit der Zwiebel und an der Gelbfärbung der Röhren. Die geernteten Zwiebeln werden (am besten) in der Sonne getrocknet und in der nächsten Zeit in einem trockenen Bereich (Dachboden) aufbewahrt. Früher wurden Zwiebeln mit Hilfe des trockenen Krauts zu Zöpfen geflochten und so in Stadeln und Dachböden aufbewahrt.

Winterzwiebeln werden im August gesät und erst im Frühjahr vereinzelt. Die Vorbereitung und Arbeitsvorgänge sind die gleichen wie bei der Sommerzwiebel.

Perlzwiebelanbau

Um Perlzwiebeln zu erhalten, müssen im Sommer (August) kleine Brutzwiebeln in Häufchen von fünf bis zehn Zwiebeln gesetzt werden. Im nächsten Sommer, wenn das Kraut gelb wird, können die Zwiebelchen geerntet werden, wobei die kleineren für das nächste Jahr wieder ausgesät werden.

TIPP

BEI PERLZWIEBELN SOLLTE DARAUF GEACHTET WERDEN, DIE BLÄTTER NICHT GANZ VERWELKEN ZU LASSEN. SIE REISSEN BEIM ZIEHEN DER ZWIEBELN UND MAN IST GEZWUNGEN, DIE ZWIEBELN MÜHSAM AUSZUGRABEN.

Porreeanbau

Porree ist der Lauch mit den meisten Ansprüchen. Er bevorzugt tiefgründigen, gut gedüngten Boden. Die Aussaat erfolgt ab Februar bis März in ein lockeres Saatbeet und ab April können die Pflänzchen ausgepflanzt werden. Die einfachste Methode ist das Ziehen von rund 15 cm tiefen Furchen in ca. 20 cm Abstand. Darin werden die Porreepflänzchen in einem Abstand von 15 cm gepflanzt und im Zuge ihres Wachstums füllt man die Furchen auf. Damit bleiben die Schäfte des Porrees weiß. Manche Porreesorten können wegen ihrer Frostresistenz bis tief in den Winter hinein geerntet werden (siehe Kapitel „Die Arten des Lauchs").
Die als Winterporree bezeichneten Sorten bieten eine Erntemöglichkeit, die sogar bis ins Frühjahr reicht. Ihr Anbau erfolgt meist etwas später als beim „Sommerporree" von Mai bis Juni.

Knoblauchanbau

Die einzelnen Zehen des Knoblauchs werden ab März im Abstand von ca. 15 cm in eine Tiefe von rund 4 cm gesteckt. Im Herbst, nachdem die Blätter gelb geworden und eingetrocknet sind, zieht man den Knoblauch, trocknet ihn und hängt ihn in Bündeln oder Zöpfen zur Lagerung.

Schnittlauchanbau

Schnittlauch aus Samen zu ziehen, ist relativ einfach. Die Samen werden ab April in einem Saatbeet ausgesät und die Pflanzen nach der Keimung in Abständen von rund 20 x 20 cm ausgesetzt. Die Keimdauer beträgt rund drei bis vier Wochen.

TIPP

SCHNITTLAUCH FÜR DIE KÜCHE NIE ZU TIEF UND ZU VIEL VON EINEM „SCHNITTLAUCHSCHOPF" SCHNEIDEN. UM DIE SAISON HINDURCH IMMER FRISCHEN SCHNITTLAUCH FÜR DIE KÜCHE ZU HABEN, SOLLTEN NUR RUND ZWEI DRITTEL PRO SCHNITTLAUCHSTOCK GENOMMEN WERDEN.

8

zwiebel in der küche

FÜR DIE VERWENDUNG IN DER KÜCHE EMPFIEHLT ES SICH, VERSCHIEDENE ZWIEBELSORTEN FÜR DIE ZUBEREITUNG VON GERICHTEN ZU WÄHLEN. GENERELL WERDEN GASTRONOMISCH FOLGENDE GRUPPEN UNTERSCHIEDEN, WOBEI JEWEILS EINE VIELZAHL VON SORTEN ZUSAMMENGEFASST WIRD, DIE NACH ANBAUGEBIET UND SORTE IM GESCHMACK LEICHT DIFFERIEREN KÖNNEN. ZWIEBELN AUS WARMEN REGIONEN SIND ZUMEIST MILDER ALS AUS KÄLTEREN ANBAUGEBIETEN.

Zwiebel & Gastronomie

Speisezwiebel – die klassische Allrounderin

Sie ist mittelgroß, hat eine goldgelbe bis braune Schale und weißlich grünes Fleisch. Mit ihrem mittelscharfen bis scharfen Geschmack stellt sie den Klassiker in der Küche dar und ist für viele Gerichte wie Suppen, Salate, Fisch- und Fleischgerichte verwendbar. Dazu zählt man auch die kleinere, abgeplattete weiße Speisezwiebel, die geschmacklich schärfer ist.

Gemüsezwiebel – milder Riese aus dem Süden

Diese zumeist aus Spanien oder Italien kommenden, eher milden bis fast süßlichen Zwiebeln weisen ein weißes bis rötliches Fleisch auf und eignen sich für Salate, zum Grillen, Dünsten und Schmoren. Durch ihre Größe, sie können bis zu 500 g Gewicht erreichen, sind sie ideal zum Füllen.

Rote Zwiebel – mild und attraktiv

Sie wird nach dem hauptsächlichen Herkunftsland gerne als italienische Zwiebel bezeichnet und wird wegen ihrer rubin- bis purpurroten Farbe und dem leicht rötlich getönten Fruchtfleisch oft für Antipasti und Salate verwendet. Durch die Geschmackskombination von süßer Milde und leichter Schärfe ist sie Würze und Dekoration zugleich.

Zu den roten Zwiebeln zählen auch die spindelförmig knollige Semianzwiebel, die bis zu 25 cm lang werden kann, und die längliche Wasserzwiebel aus Rumänien. Rote thailändische Sorten sind kleiner und meist milder.

Weiße Zwiebel – helle Südländer für Eintöpfe

Ihre Form und Größe variieren von abgeflacht rundlich bis herzförmig und von mittelgroß bis groß.

Sie haben eine milde Schärfe und einen leicht süßlichen Geschmack und werden bevorzugt für Soßen und Eintöpfe verwendet.

Kleinere Sorten sind ideal zum Einlegen in Essig. Große weiße Zwiebelsorten haben oft einen schärferen Geschmack.

Silberzwiebel – die Kleinen für das Glas

Sie besitzen eine silbrige Schale und weißes Fleisch. Man verwendet sie – als Ganzes, also in ihrer gesamten Größe – vor allem zum Einlegen und Schmoren.

Cippolini

Sie stammen aus Italien, sind weiß und abgeflacht und werden ebenfalls gerne in Essig eingelegt.

Schalotten

Sie haben einen sehr feinen und aromatischen Geschmack und werden sowohl für Salate und Soßen als auch zum Einlegen und Dünsten verwendet. Sie können je nach Sorte im Geschmack differieren.

Sie sind seit langem vor allem in der nordfranzösischen Küche ein beliebtes Gewürz und hielten vor allem durch ihr Aroma von dort aus Einzug in die gehobene Küche, aus der sie nicht mehr wegzudenken sind. Schalotten haben im Vergleich zur herkömmlichen Zwiebel einen eleganteren, feineren und milderen Geschmack, sie sind besser bekömmlich und zergehen beim Kochen wegen ihres zarten Fleisches viel leichter. Zu beachten ist, dass die Zwiebeln der Schalotten – im Gegensatz zu den Zwiebeln – nicht angebräunt werden sollten, weil sie dadurch einen leicht bitteren Geschmack erhalten.

Eine bekannte und sozusagen klassische Verwendung der Schalotte ist die in der „Sauce béarnaise".

Porree

Vom Porree wird der zarte weiße oder grünlich weiße Schaft verwendet und die dunkelgrün gefärbten Blattspitzen sollten entfernt werden. Porree wird dünn in Ringe geschnitten, roh in Salaten gereicht oder gegart als Gemüse zubereitet. Vorsicht ist beim Schneiden des Winterporrees geboten: Seine enthaltenen ätherischen Öle können so scharf sein, dass beim Verarbeiten – wie etwa bei den Speisezwiebeln – die Augen zu tränen beginnen. Frische dünne und junge Stangen des zarten Sommerporrees sind eine besondere Delikatesse, wenn sie im Ganzen ähnlich dem Spargel zubereitet werden.

Geschmacklich interessant ist die Vielzahl der Sekundärstoffe, die je nach Zubereitung für die unterschiedliche Geschmacksvariante verantwortlich sind. So schmecken geröstete Zwiebeln süßlich, das getrocknete Zwiebelpulver schmeckt fast knoblauchähnlich und gekochte Zwiebeln liegen geschmacklich irgendwo dazwischen.

Zwiebel & Tränen

Die in der Zwiebel vorhandenen schwefelhaltigen Verbindungen durchlaufen beim Zerkleinern eine Zersetzung der Enzyme. Dadurch werden u. a. Propanthial-Schwefel-Oxide frei, die zu Tränensekretion und Schleimhautreizung führen.
Daher empfiehlt es sich, Zwiebeln mit einem scharfen Messer mit eher ziehenden als pressenden Schnitten zu schneiden, denn je mehr Zellgewebe beim Schneiden verletzt wird, umso mehr treten die Tränendrüsen reizenden Stoffe aus.
Manche Köche schwören darauf, dass ein kurzes Wasserbad der Zwiebel vor dem Schneiden den Tränenfluss verringert. Ebenso glauben einige daran, dass ein Schluck Wasser im Mund während des Zwiebelschneidens hilft.
Auch ein Befeuchten des Messers und des Schneidebrettes wird empfohlen, wobei die Schnittfläche der Zwiebeln auf die nasse Fläche gelegt werden soll.
Hilfreich ist sicher, die Zwiebeln im Freien zu schneiden, in kleinen, geschlossenen Räumen sind die abgegebenen Stoffe konzentrierter und halten sich länger in der Luft.
Ein verbreiteter Trick ist auch, die Zwiebeln vor dem Schneiden für eine Stunde in den Kühlschrank oder für 15 Minuten ins Gefrierfach zu legen.
Den Zwiebelgeruch an den Händen und am Schneidebrett entfernt man am besten durch Abspülen mit kaltem Wasser.

Tipps für Einkauf & Küche

- Bei Frühlings- und Lauchzwiebeln sollte man auf frisches und knackiges Aussehen achten, vor allem sollten die grünen Blätter nicht angetrocknet, welk oder verschrumpelt sein.

- Die Zwiebeln sollten ganz, unbeschädigt, sauber, prall und trocken sein. Für die längere Lagerung müssen die Außenhäute und der Stängel der Zwiebeln vollkommen trocken sein.

- Zwiebelflocken, Röstzwiebeln, Zwiebelpulver, Zwiebelsalz sind zwar schnelle Möglichkeiten für die Würzung von Speisen, sie können den Geschmack einer frischen Zwiebel jedoch nicht ersetzen.

- Zwiebeln für Soßen können mühelos geschält werden, wenn man sie 1 bis 2 Minuten in siedendes Wasser legt. Anschließend werden sie herausgenommen und kalt abgespült, dann entfernt man den Wurzelansatz und presst die Zwiebeln aus den Hüllen.

- Nicht sofort verwendete grüne Zwiebelrohre lassen sich in Wasser eingestellt und mit einem Plastikbeutel bedeckt im Kühlschrank einige Tage aufbewahren (Wasser täglich wechseln).

- Eine Zwiebel verliert an Geschmack und Wert, wenn sie ausgetrieben hat (siehe auch unten „Zwiebellagerung").

- Zwiebeln sollte man möglichst erst unmittelbar vor der Verwendung schneiden und hacken. Rohe Zwiebeln, die längere Zeit mit Sauerstoff in Berührung sind, verlieren schnell an Geschmack und Bekömmlichkeit.

- Zwiebeln sollten mit der Hand geschnitten werden, das Zerkleinern mit einer Küchenmaschine erleichtert zwar die manuelle Arbeit, vermindert aber auch den Geschmack.

Zwiebellagerung

Zwiebeln müssen geeignet gelagert werden, um ein Austreiben zu verhindern. In vielen Haushalten werden Zwiebeln im Keller gelagert. Damit wird aber leider oft das erreicht, was nicht gewollt wird, denn zwischen 9 bis 15 Grad Celsius liegt die optimale Keimtemperatur der Zwiebel. Unter oder auch über dieser Temperaturspanne verharrt sie hingegen in einer Art Wachstumspause. Daher ist zu empfehlen, Zwiebeln ab dem Spätsommer in einem Schuppen, Stadel oder auf dem Balkon oder der Terrasse zu lagern. Selbst kurzer Frost schadet nicht, wenn man die Zwiebeln im gefrorenen Zustand nicht zu viel bewegt.
Generell wird gesagt, dass eine Zwiebel umso haltbarer ist, je schärfer sie ist. Die Inhaltsstoffe, die für die Schärfe verantwortlich sind, dienen auch dem Schutz vor dem Verderben. Feste Zwiebelsorten halten länger, weil sie weniger Wasser enthalten.
Man sollte keinesfalls Zwiebeln in der Nähe von Kartoffeln lagern, da sie deren Feuchtigkeit aufnehmen und dann rasch zu faulen beginnen.
Frühjahrszwiebeln sind nicht sehr lagerfähig. Man lagert sie am besten im Gemüsefach und sollte sie innerhalb weniger Tage verbrauchen.
Lauchzwiebeln sind im Kühlschrank etwa eine Woche haltbar.
Zwiebeln dürfen nicht in einem Plastiksack aufbewahrt werden, sie beginnen darin zu schwitzen und anschließend rasch zu faulen.

Zwiebeln eignen sich gut zum Trocknen. Man schneidet sie dazu nach dem Schälen in Scheiben und trocknet sie auf einem Blech ausgebreitet einige Tage an der Sonne. Danach sollen sie ungefähr 10 Minuten bei 85 °C im Backofen nachgetrocknet werden.

vorspeisen & suppen

Skordalia

Das kalte „Knoblauchpüree" ist einer der Klassiker der griechischen Vorspeisen und schnell zubereitet. Wichtig ist, dass das Skordalia kalt serviert wird.

4 PORTIONEN:

500 g Kartoffeln
2 EL Essig
8 EL Olivenöl
Salz, Pfeffer
Knoblauch nach Geschmack
Gurkenscheiben und schwarze Oliven zum Garnieren

- Kartoffeln in der Schale kochen, schälen und passieren.
- In einer Rührform unter dauerndem Rühren Essig und so viel Öl beimengen, bis die Masse leicht verrührbar ist.
- Mit Salz, Pfeffer und gepresstem Knoblauch nach Geschmack würzen (Achtung: Der Knoblauch entwickelt seine Schärfe oft erst nach einiger Zeit und nach Zugabe von Salz.).
- Kalt stellen.
- Mit 2 bis 3 Scheiben Gurken und schwarzen Oliven garnieren und mit Weißbrot oder Fladenbrot servieren.

Gebackene Zwiebeln mit Feta

4 PORTIONEN:

4 große rote Zwiebeln
1 EL Olivenöl
25 g Pinienkerne
115 g Feta, zerbröckelt
25 g frische Semmel-/ Weißbrotbrösel
1 EL frischer Koriander, gehackt
Salz
schwarzer Pfeffer, frisch gemahlen

- Den Ofen auf 180 °C vorheizen.
- Die Zwiebeln schälen, von der Ober- und Unterseite je eine Scheibe abschneiden. In einem großen Topf in kochendem Wasser ca. 10 bis 12 Minuten garen. Vorsichtig herausheben, abtropfen und leicht abkühlen lassen.
- Mit einem kleinen Messer oder Löffel das Innere der Zwiebeln entfernen, sodass noch etwa 2 bis 3 intakte Außenringe als Form erhalten bleiben. Diese in eine gefettete Form setzen.
- Die Innenringe fein hacken. Öl in einer Pfanne erhitzen und die gehackten Zwiebeln anbraten, bis sie goldbraun sind. Dann die Pinienkerne hinzufügen und unter Rühren einige Minuten dünsten.
- Den Fetakäse in einer Schüssel mit der Zwiebel-Pinienkern-Masse, den Bröseln und dem Koriander vermischen. Mit Salz und Pfeffer abschmecken und die Masse anschließend in die Zwiebelringe füllen.
- Mit einer Folie locker bedecken und im Ofen 30 Minuten backen. Nach 20 Minuten die Folie entfernen.

TIPP

ALS VORSPEISE MIT WARMEM OLIVENBROT UND LEICHTEM WEISSWEIN SERVIEREN.

Aïoli

„Knoblauchsoße" aus der Provence

4 PORTIONEN:

1,5 kg Gemüse – was der Garten oder Markt (im Frühjahr) bietet: Artischocken, Karotten, Spargel, Zucchini, Kartoffeln
Salz, Pfeffer
ca. 750 ml Gemüsebrühe
800 g Kabeljaufilet

AÏOLI:

2 Eidotter
4–6 Knoblauchzehen
1 Kartoffel, frisch gekocht
250 ml aromatisches provenzalisches Olivenöl
Salz, Pfeffer, 1/2 TL Senf
Zitronensaft

- Das Gemüse putzen, zuschneiden, in Salzwasser oder Gemüsebrühe knapp gar kochen.
- Den Fisch im Gemüsesud sanft gar ziehen lassen.
- Für die Aïoli Eidotter, Knoblauch und Kartoffeln im Mixer pürieren, dabei langsam das Öl hinzufließen lassen (Alles muss gleiche Zimmertemperatur haben!).
- Wenn die Soße hellgelb und dick geworden ist, mit Salz, Pfeffer, Senf und Zitronensaft abschmecken.
- Das Gemüse und den Fisch auf einer großen Platte anrichten, die Aïoli in einer Schüssel getrennt reichen.

DIE GROSSE AÏOLI – L'AÏOLI DES ROCHES

DAS TRADITIONELLE FREITAGSESSEN IN DER PROVENCE: FISCH (MEIST POCHIERTER STOCKFISCH, HEUTE AUCH HÄUFIG KABELJAU) MIT GEMÜSEN DER SAISON UND EIN SCHÜSSELCHEN MIT JENER STEIFEN GELBEN SOSSE, VON DER DAS GANZE GERICHT SEINEN NAMEN HAT. URSPRÜNGLICH WURDE DIESE SOSSE AUS KNOBLAUCH MIT VIEL OLIVENÖL UNTER ENORMEM KRAFTAUFWAND IN EINEM STEINERNEN MÖRSER HERGESTELLT. EIN STÜCKCHEN ALTBACKENES UND IN MILCH EINGEWEICHTES, MITGESTOSSENES BROT MACHTE DIE SOSSE LEICHTER BEKÖMMLICH, LIESS SIE ALLERDINGS DANN AUCH SCHNELLER ZUSAMMENFALLEN. ERST MIT STEIGENDEM WOHLSTAND UND IN DER GEHOBENEN KÜCHE WURDE AUCH ETWAS EIDOTTER EINGEARBEITET. INZWISCHEN GIBT ES UNZÄHLIGE AÏOLI-REZEPTE UND JEDE HAUSFRAU SCHWÖRT AUF EINE ANDERE ZUSAMMENSETZUNG.

Bärlauch-Kartoffel-Suppe

4 PORTIONEN:

2 Zwiebeln
400 g Bärlauch
800 g mehlig kochende Kartoffeln
100 g durchwachsener Speck, gewürfelt
1,5 l Fleischbrühe
200 ml Schlagobers
Salz, Pfeffer
Muskat, gerieben

- Zwiebeln schälen und hacken. Bärlauch putzen, die Stiele entfernen, waschen und trockenschwenken, dann klein hacken und ca. 4 EL beiseite stellen.

- Kartoffeln schälen und in ca. 2 cm große Würfel schneiden.

- Speck in einem großen Topf auslassen, dann die Grammeln (Grieben) mit einem Schaumlöffel aus dem Fett schöpfen und beiseite stellen.

- Zwiebeln und Bärlauch im Fett vom ausgelassenen Speck andünsten, Kartoffelwürfel dazugeben und mit der Fleischbrühe ablöschen. 15 Minuten zugedeckt köcheln lassen, bis die Kartoffelstücke weich geworden sind.

- Die Suppe vom Ofen nehmen und pürieren. Obers halb steif schlagen und zusammen mit den Grammeln unterheben. Mit Pfeffer, Salz und Muskat abschmecken.

- In vorgewärmte Teller geben und mit dem Rest der gehackten Bärlauchblätter bestreuen.

Turiner Lauchsuppe

4 PORTIONEN:

4 Stangen Porree (Lauch)
2 Zwiebeln
50 g Butter
1 Suppenwürfel
125 ml Weißwein
1/2 TL Zucker
1 1/2 EL Mehl
2 Ecken Schmelzkäse
4 EL Schinkenstreifen
250 ml Obers oder Sauerrahm je nach Geschmack
4 EL geriebener Parmesan

- Die Porreestangen putzen, der Länge nach teilen und unter kaltem fließendem Wasser gründlich waschen. Die Stangenhälften in 1 bis 2 cm dicke Stücke schneiden.

- Die Zwiebeln schälen, in feine Scheiben schneiden.

- Die Porreestücke und die Zwiebelscheiben in Butter glasig anbraten, mit 1 l Wasser auffüllen und 5 Minuten kochen.

- Suppenwürfel, Wein und Zucker beifügen.

- Das Mehl mit 4 EL kaltem Wasser anrühren, mit dem Schneebesen in die kochende Suppe einrühren, bis die Suppe sich verdickt.

- Den Schmelzkäse in Flocken mit dem Schneebesen einrühren, danach die Schinkenstreifen und das flüssige Obers.

- Die Lauchsuppe mit geriebenem Parmesan servieren.

Überbackene Zwiebelsuppe à la française

Es gibt unzählige Varianten ihrer Herstellung. Richtig französisch schmeckt sie erst, wenn die Zwiebelringe durch das langsame Kochen beinahe karamellisieren.

4 PORTIONEN:

8 große Zwiebeln
Olivenöl
100 g Butter
1 EL Zucker
1 l Rindsuppe
(frisch) gemahlener Pfeffer
Salz
8 Scheiben Baguette (alternativ Weiß- oder Toastbrot)
etwas Butter
ca. 100 g Käse, gerieben (Gruyère, Cheddar oder Emmentaler) nach Geschmack

- Geschälte Zwiebeln vierteln und in 3 bis 5 mm dicke Scheiben schneiden.
- Öl und Butter in einem ausreichend großen Topf erhitzen, die Zwiebelringe unter dauerndem Rühren einige Minuten anbraten.
- Unter Beifügen des Zuckers bei reduzierter Hitze ca. 45 Minuten weiter dünsten, bis die Zwiebeln eine kastanienbraune Farbe angenommen haben.
- Mit Rindsuppe aufgießen, würzen und mit geschlossenem Deckel weitere 20 Minuten köcheln lassen.
- Weißbrotscheiben rösten, zart mit Butter bestreichen.
- Die Suppe in ofenfeste Schalen füllen, mit Brot belegen und nach Belieben mit geriebenem Käse bestreuen.
- Im heißen Backrohr einige Minuten überbacken, bis der Käse schmilzt und Farbe annimmt.

TIPP

DIE GERÖSTETEN WEISSBROTSCHEIBEN MIT EINER KNOBLAUCHZEHE EINREIBEN.

Provenzalische Knoblauchsuppe

Diese aromatische Suppe ist auch in anderen Gegenden Frankreichs sowie in Griechenland, Spanien und Portugal beliebt.

4 PORTIONEN:

1,2 l Hühnerbrühe
3 Knoblauchzwiebeln, in Zehen zerteilt und geschält
6 frische Thymianzweige
6 frische Salbeiblätter
1 Bund Petersilie
2 Lorbeerblätter
1 Prise Safranfäden
3 Eidotter
3 EL natives Olivenöl extra
Salz, Pfeffer
frische Thymianzweige zum Garnieren

CROÛTONS:

1 Baguette, in Scheiben geschnitten
30 g Butter, zerlassen
30 g Parmesan, frisch gerieben

- Die Brühe in einen großen Topf gießen. Den mit Salz zerdrückten Knoblauch, die fein gehackten Kräuter sowie Gewürze zugeben und unter gelegentlichem Rühren aufkochen, dann bei reduzierter Hitze halb abgedeckt rund 40 Minuten köcheln lassen.

- Kurz bevor die Suppe fertig ist, den Backofen(grill) vorheizen. Die Baguettescheiben auf einer Seite toasten.

- Die ungetoastete Seite mit zerlassener Butter beträufeln und mit Käse bestreuen. Die Scheiben rösten, bis der Käse schmilzt und Blasen wirft.

- Inzwischen die Eidotter in einer hitzefesten Schüssel schaumig rühren. Tropfenweise das Öl unterrühren und gut vermischen.

- Dann die Suppe unter ständigem Rühren in die Ei-Öl-Mischung gießen und dann mit Salz und Pfeffer abschmecken.

- In vorgewärmte Suppenteller schöpfen, mit Thymian garnieren und sofort mit den Croûtons servieren.

*h*auptspeisen

Zwiebelkuchen
Gâteau aux oignons

6–8 PORTIONEN:

400–500 g geriebener Kuchenteig/Mürbteig

FÜLLUNG:

70 g fein gewürfelter Speck oder 70 g Butter
3–5 größere Zwiebeln
1 1/4 EL Mehl
3–5 Eier
250 ml Rahm oder Milch
Salz
1 Prise Pfeffer

- Den Teig auf ca. 5 mm Stärke auswalken und ohne ihn zu strecken auf ein Kuchenblech legen. Den überstehenden Teig abschneiden oder umklappen und damit den angefeuchteten Randbereich der Teigform verstärken. Den Teigboden mit einer Gabel leicht einstechen.

- Die Speckwürfel gelblich anrösten, die würfelig geschnittenen Zwiebeln beigeben und ebenfalls weich andämpfen. In eine Schüssel geben und mit Mehl vermischen, die Eier darunter schlagen, mit Rahm oder Milch etwas verdünnen und mit Salz und Pfeffer würzen.

- Zwiebel-Speck-Masse auf den Teig geben und den Zwiebelkuchen bei 180 °C backen, bis der Teigrand braungelb ist.

Biergulasch
aus dem Kloster Andechs/Bayern

6 PORTIONEN:

1,6 kg Rindsragout, geschnitten
1,6 kg Zwiebeln, gewürfelt
100 ml Öl
100 g Paprikapulver
200 g Paradeismark
10 g Knoblauch
10 g Kümmel
200 ml Kochwein, rot
1 l Bouillon
300 ml Andechser Doppelbock dunkel

- Zwiebeln und Fleisch in Öl dünsten, bis sich ein sirupartiger Saft gebildet hat.
- Paprikapulver und Paradeismark hinzufügen, etwas dünsten lassen.
- Knoblauch, in der Länge geteilt, und Kümmel beigeben, dann mit Rotwein ablöschen, mit der Bouillon auffüllen und zugedeckt weich dünsten.
- Mit dem Bier (Doppelbock dunkel) abschmecken.

Zwiebelwähe mit Dinkel

Wähen sind etwas typisch Schweizerisches, sind süß oder sauer und können aus Blätterteig, Mürbteig oder Hefeteig hergestellt werden. Fast jede Schweizer Hausfrau hat ihr spezielles Wähenrezept.

2 PORTIONEN:

1 Päckchen Trockenhefe
200 ml lauwarmes Wasser
375 g Dinkelmehl
1 TL Zucker
3 EL Sonnenblumenöl
450 g Zwiebeln
etwas Butter
300 g Bergkäse, gerieben
3 EL Milch
2 Eier
200 g Crème fraîche
Salz, Pfeffer, Muskat

- Die Hefe im lauwarmen Wasser auflösen. Das Mehl in eine Schüssel geben, Zucker, eine Prise Salz, Sonnenblumenöl und die aufgelöste Hefe beigeben. Zu einem glatten Teig verarbeiten, diesen abgedeckt an einem warmen Ort um die Hälfte gehen lassen.

- Für die Füllung die Zwiebeln in feine Ringe schneiden und diese in einer Pfanne mit etwas Butter glasig anschwitzen.

- Den Käse mit Milch, Eiern und Crème fraîche vermischen, mit Salz, Pfeffer und Muskat würzen.

- Den Teig ausrollen und auf ein befettetes Backblech legen, Zwiebeln darauf verteilen, darüber die Käsemasse streichen. Alles nochmals ca. 15 Minuten gehen lassen.

- Anschließend unter 220 °C im Backrohr ca. 30 Minuten backen.

Bärlauch-Spinat-Gratin

4 PORTIONEN:

500 g Blattspinat
500 g Bärlauch
3 Zwiebeln
50 g Butter
4 Hühnerbrustfilets (à ca. 175 g)
50 g Mehl
3 EL Olivenöl
Salz, Pfeffer

- Spinat und Bärlauch putzen, Stängel entfernen, waschen, trockenschwenken und miteinander vermischt hacken. Zwiebeln schälen und in Ringe schneiden.
- Butter in einer Pfanne erhitzen, die Filets darin auf jeder Seite etwa 4 Minuten anbraten. Dann die Filets aus der Pfanne nehmen und die Zwiebelringe darin glasig dünsten.
- Backofen auf 200 °C (Umluft 180 °C) vorheizen. Eine feuerfeste Form mit Öl einfetten.
- Die Hälfte der Bärlauch-Spinat-Mischung in die Form geben und mit Pfeffer und Salz würzen. Die mit Pfeffer und Salz eingeriebenen Filets auf das Gemüse legen, darüber die Zwiebelringe und das restliche Gemüse schichten. Zum Schluss mit Mehl bestreuen und mit Öl beträufeln.
- Etwa 50 Minuten im Backofen gratinieren, dann heiß mit Baguette servieren.

TIPP

STATT MIT MEHL UND ÖL KANN MAN DAS GRATIN AUCH MIT GERIEBENEM KÄSE ÜBERBACKEN.

Wiener Zwiebelrostbraten

4 PORTIONEN:

4 Rostbratenfilets (à 180 g)
etwas Mehl
200 g Zwiebeln, nudelig geschnitten
Öl zum Braten
250 ml Rindsuppe
etwas Butter
Salz, Pfeffer

- Die geschnittenen Zwiebeln in einer Pfanne mit fingerdick hohem Öl goldgelb rösten, sofort abseihen und auf Küchenpapier gut abtropfen lassen, salzen und warm stellen.

- Die Rostbratenfilets klopfen und an den Rändern leicht einschneiden. Salzen, pfeffern und auf einer Seite leicht in Mehl tauchen. Mit der bemehlten Seite zuerst in die Pfanne mit dem heißen Fett geben und auf beiden Seiten anbraten – die Filets sollen innen leicht rosa bleiben – und warm stellen.

- In dem Bratrückstand die Butter aufschäumen und mit der Suppe zu einem Saft verkochen, ein Drittel der gerösteten Zwiebeln zugeben und aufkochen.

- Das Fleisch anrichten, mit dem Saft übergießen und mit den restlichen gerösteten Zwiebeln belegen.

TIPP

DIE KLASSISCHEN BEILAGEN SIND BRATKARTOFFELN UND GRÜNER SALAT. FÜR DIE BRATKARTOFFELN 600 G KARTOFFELN IN DER SCHALE KOCHEN, SCHÄLEN UND IN GLEICHMÄSSIGE STÜCKE SCHNEIDEN. IN HEISSER BUTTER ODER HEISSEM ÖL BEI NICHT ZU STARKER HITZE UNTER HÄUFIGEM SCHWENKEN GOLDGELB BRATEN. MIT SALZ UND EVENTUELL MIT GEHACKTER PETERSILIE BESTREUEN.

Gefüllte Zwiebeln
aus der ungarischen Küche

Die ungarische Küche gehört zu den großen Küchen Europas und weist eine jahrhundertealte Tradition auf. Dem Essen bringt man eine so große Wertschätzung entgegen, wie sonst wohl nur in Frankreich und Italien. Zwiebeln und Knoblauch zählen zu den wichtigsten Bestandteilen der ungarischen Küche.

4 PORTIONEN:

8 große Zwiebeln
60 g Schmalz
1/2 TL Zucker
25–50 ml Wasser
1 EL Zitronensaft
etwas Salz
1 TL Mehl
1 EL kaltes Wasser zum Anrühren
2 EL Madeira (nach Belieben)

FÜLLUNG:

150–200 g Faschiertes (Rind- oder Schweinefleisch, Reste von Braten, Wild oder Geflügel)
1 Semmel, eingeweicht
1 Zwiebel, 1 Ei
Salz, Pfeffer

- Zwiebeln schälen, aushöhlen und mit der Fleischfarce (siehe unten) füllen. Das Schmalz auf großer Flamme zerlassen und den Zucker darin bräunen, etwas Wasser beigeben und die Zwiebeln nebeneinander hineinstellen und auf kleiner Flamme gar schmoren.

- Die Soße mit Zitronensaft, Zucker und Salz abschmecken und mit etwas mit Wasser angerührtem Mehl binden.

- Die Soße nach Belieben mit 2 EL Madeira abschmecken.

- Für die Füllung Faschiertes, die Semmel sowie eine kleine Zwiebel durch die Fleischmaschine (Mixer) drehen, mit dem Ei verrühren und mit Salz und Pfeffer abschmecken. Soll die Fülle gestreckt werden, können entweder eine weitere Semmel oder fein gehackte Gemüsereste verwendet werden.

TIPP

ALS BEILAGE EIGNEN SICH BUTTER- ODER SALZKARTOFFELN SOWIE TOMATENSALAT (NATÜRLICH AUCH MIT ZWIEBELN).

Altwiener Heringssalat

4 PORTIONEN:

14 Matjesheringe oder Russen
500 g Kartoffeln
1/2 Sellerieknolle
4 Äpfel
9 Essiggurken
1 große Zwiebel oder 2 mittlere Zwiebeln

MARINADE:
ca. 250 ml Wasser
65 ml Essig
2 EL Senf
etwas Öl
Petersilie
Salz, Pfeffer

- Marinade aus Wasser, Essig, Senf und einem Schuss Öl mischen, Salz, Pfeffer und die gehackte Petersilie beimengen.

- Kartoffeln und Sellerie kochen, nach dem Auskühlen würfelig (ca. 1 cm) schneiden, die Gurken und Äpfel ebenfalls.

- Die Zwiebeln etwas kleinwürfeliger schneiden und das gesamte Gemüse in die Marinade einrühren.

- Den Fischen die Flossen und falls notwendig die Wirbelsäule entfernen, in cm-breite Streifen schneiden und vorsichtig unter den Salat mischen. Wenn nötig (falls der Salat zu trocken erscheint), mit etwas Wasser aufgießen.

- Als Umrahmung beim Servieren eignen sich Salatblätter, zum Garnieren Spalten von Tomaten und hart gekochtem Ei sowie Kräuselpetersilie.

Der Heringssalat schmeckt besser, wenn er vor dem Servieren 24 Stunden kühl gerastet hat.

TIPP

DER SELLERIE BLEIBT SCHÖN WEISS, WENN MAN IHN IN ZITRONENWASSER KOCHT.

Zander auf Lauchgemüse

2 PORTIONEN:

400 g Zanderfilet
2 Knoblauchzehen
Zitronensaft
Olivenöl
2–3 Stangen Porree (Lauch)
Schnittlauch
250 ml Sauerrahm
Salz
Pfeffer

- Zander mit gepresstem Knoblauch, Salz, Pfeffer und Zitronensaft marinieren, ca. 1 bis 2 Stunden kühl stehen lassen.

- Lauch in Scheiben schneiden, dünsten, bis er „al dente", das heißt, noch bissfest ist.

- Rahm und fein geschnittenen Schnittlauch sowie Salz und Pfeffer darunter mischen.

- Fischfilets beidseitig anbraten und auf dem warm gehaltenen Lauchgemüse servieren.

TIPP

ALS IDEALE BEILAGE EIGNEN SICH KARTOFFELN, DIE GEKOCHT, DANN GEVIERTELT UND GESALZEN IM ROHR KNUSPRIG ANGEBRATEN WERDEN.

beilagen

Schalotten auf chinesische Art

Diese Schalotten sind eine köstliche aromatische Alternative zu eingelegten Zwiebeln. Nach diesem Rezept lassen sich natürlich auch Perlzwiebeln und Knoblauch haltbar machen.

1,4 kg Schalotten
1 getrocknete rote Chilischote
3 Scheibchen frischer Ingwer
etwa 570 ml Sojasoße, vorzugsweise aus Japan

- Die Schalotten in eine feuerfeste Schüssel geben, mit kochendem Wasser übergießen und rund 2 Minuten ziehen lassen.
- Die Zwiebelchen abtropfen lassen, schälen und putzen.
- Die so vorbereiteten Schalotten mit der Chilischote und dem Ingwer in ein sauberes, trockenes Glas füllen und mit Sojasoße aufgießen. Die Schalotten müssen ganz von der Sojasoße bedeckt sein.
- Das Glas fest verschließen und bis zum Öffnen vier bis sechs Monate kühl, dunkel und trocken aufbewahren.

Eingelegte Perlzwiebeln

Für eingelegte kleine Zwiebeln gibt es eine Fülle von Rezepten, wobei die beigegebenen Gewürze variieren. Der Vorgang des Einlegens ist zumeist gleich, zuerst kräftiges Einsalzen, dann das „Säurebad" mit heißem Essig und schließlich das Einlegen mit diversen Gewürzen.

Perlzwiebeln nach Bedarf
Salz
Essig (Apfel- oder Weinessig)
Pfefferkörner
frische Estragonblätter
Dillkraut

- Perlzwiebeln waschen, einsalzen und ca. 24 Stunden stehen lassen.
- Die Schalen mit den Fingern abstreifen, die Zwiebeln nochmals waschen und auf einem Tuch (Küchenrolle) abtrocknen.
- Zwiebeln in eine Schüssel legen und mit kochendem Essig (Achtung vor Dämpfen) bedecken.
- Nach drei Tagen den Essig abgießen und die Zwiebeln mit Pfefferkörnern, Estragonblättern und Dillkraut nach Geschmack in Gläser schichten, mit heißem, abgekochtem Essig auffüllen und die Gläser, nachdem der Inhalt einigermaßen abgekühlt ist, gut verschließen.

Glasierte Schalotten

4 PORTIONEN:

350–400 g Schalotten
1 EL Olivenöl
25 g Butter
1 EL Zucker
ca. 175 ml Wasser
Salz
schwarzer Pfeffer, frisch gemahlen

- Schalotten abziehen und zusammengesetzte in einzelne Zwiebeln aufteilen. Öl und Butter in einer Pfanne erhitzen und die Schalotten bei mittlerer Hitze 5 bis 6 Minuten andünsten, bis sie beginnen, braun zu werden; gelegentlich wenden.

- Mit Zucker bestreuen und 1 Minute unter ständigem Rühren weiter dünsten.

- Die Schalotten mit Wasser knapp bedecken, bei kleiner Hitze 25 bis 35 Minuten geschlossen köcheln lassen. Falls nötig, zwischendurch etwas Wasser nachfüllen.

- Wenn die Schalotten gar sind, bei mäßiger Hitze (ohne Deckel) die Flüssigkeit zu Sirup eindicken lassen. Nach Bedarf abschmecken.

- Die Schalotten in einer Schüssel servieren, mit dem Sirup begießen und pfeffern.

TIPP

IDEAL ZU GEBRATENEM FLEISCH ODER ZU GEGARTEN GEMÜSEGERICHTEN.

Zwiebel-Zwetschken-Confit

Das Confit zu Grill- oder Bratwürsten mit Kartoffelpüree reichen, es gibt Farbe und Würze. Falls die Zwiebeln noch etwas knackig sind, schmeckt es auch hervorragend zu Makrelen. Das Confit aus roten Zwiebeln kann warm oder kalt auch als Beilage zu Wild serviert werden.

ERGIBT ETWA 800 G:

450 g rote Zwiebeln, gehackt
2 EL Olivenöl
1 EL Sichuanpfefferkörner
675 g Zwetschken oder rote Pflaumen, halbiert und entsteint
300 ml Rotweinessig
Meersalz
115–175 g heller Muscovadozucker

- In einem schweren Topf die Zwiebeln in Öl weich dünsten.
- In der Zwischenzeit den Sichuanpfeffer ohne Fett in einer gusseisernen Pfanne rösten; gelegentlich rühren, um ein Anlegen der getrockneten Beeren zu verhindern. Die Pfanne von der Kochstelle nehmen, die Beeren in einem Mörser fein zerreiben (oder in einer Gewürzmühle oder im Mixer zu Pulver mahlen).
- Die Zwetschken bzw. Pflaumen, Sichuanpfeffer, Essig und Salz in einem offenen Topf sanft köcheln lassen, bis die Früchte weich sind. Bei mäßiger Hitze den Zucker unterrühren, dann die Zwiebeln zugeben. Die Masse einkochen lassen, bis sie beginnt, dick zu werden.
- Das Confit in vorgewärmte saubere Gläser füllen und fest verschließen. Bis zum Öffnen mindestens ein Monat kühl, dunkel und trocken aufbewahren.

Sichuanpfeffer verleiht diesem Confit einen angenehm würzig-harzigen Geschmack.

TIPP

DIE ROTEN ZWIEBELN SOLLTE MAN SEPARAT DÜNSTEN UND ERST AM ENDE DER KOCHZEIT ZU DEN ZWETSCHKEN GEBEN, DAMIT SIE NICHT GANZ ZERFALLEN.

Sauce béarnaise

Ist die Sauce hollandaise das ideale Beiwerk für den Spargel, so ist die Sauce béarnaise das geschmackliche Pendant zu saftigem Rindersteak. Sie ist auch zum Überbacken geeignet.

1 Zwiebel/
klassisch: 1–2 große Schalottenzwiebeln
1 EL Estragonblätter und
1 EL Kerbelblätter, klein gehackt
1/2 TL gemahlener Pfeffer
1 EL Weinessig
3 EL Weißwein
4 Eidotter
200 g Butter
Salz
Zucker

- Zwiebel fein würfeln, mit Pfeffer, Estragon- und Kerbelblättern und Essig und Wein mischen und zugedeckt ca. 5 Minuten kochen.
- Die Flüssigkeit durch ein Sieb schütten und abkühlen lassen.
- In einer Schüssel die Eidotter mit der abgekühlten Flüssigkeit verquirlen und in heißem (Achtung: nicht kochendem) Wasserbad cremig schlagen.
- Die Schüssel aus dem Wasserbad nehmen, Butter in Flöckchen unter die warme Soße rühren und mit Salz und Zucker abschmecken.

Zwiebelsoße
Sauce soubise

6 PORTIONEN:

60 g Butter
(oder anderes gutes Fett)
1 Zwiebel,
in Scheiben geschnitten
1,5 EL Mehl
2 Tassen Fleischbrühe
1/2 Tasse Rahm
1/2 Loorbeerblatt
1–2 EL Essig

- Butter erhitzen und darin die geschnittene Zwiebel dünsten, bis die Stückchen weich sind. Mehl zugeben und weiter rösten, bis alles hellbraun wird. Fleischbrühe langsam zufügen und mit Rahm, Lorbeerblatt und Essig ergänzen. Die Soße unter Rühren rund 30 Minuten kochen lassen, bis sie eingedickt ist.

- Anschließend die Soße passieren und zu Rind- und Lammfleisch, Lammkoteletts, Kalbfleisch etc. servieren.

Gebackener Knoblauch
Ail au four – Spezialität der Provence

Der erste junge Knoblauch im Sommer gilt in der Provence als unwiderstehliche Delikatesse. Er ist zart, duftet ganz und gar nicht aufdringlich und wird, im Ofen gebacken, zum köstlichen Gemüse. Entweder als knusprige Beilage zu Fleischgerichten oder pur, einfach auf einem Stück gerösteten Baguette oder Weißbrot ist es ein herrlicher Genuss!

1 PORTION:

1 ganze Knoblauchzehe
1 EL (provenzalisches)
Olivenöl
Salz, Pfeffer

- Den Stiel der Knoblauchknolle direkt über den Zehen abschneiden. Die Häute so weit ablösen, dass sie die Zehen unten noch umschließen, nach oben jedoch offen sind und die Hitze ungehindert eindringen kann.

- Nebeneinander in eine feuerfeste Form setzen, mit Öl beträufeln, salzen und pfeffern. Für etwa 40 bis 45 Minuten in den 180 °C heißen Backofen stellen.

nachspeisen

Speckgugelhupf mit Bärlauch

FÜR EINE DURCHSCHNITTLICH GROSSE GUGLHUPFFORM:

500 g Weizenmehl
1 Würfel Hefe
1 TL Zucker
125 ml lauwarmes Wasser
150 g Räucherspeck, gewürfelt
100 g Bärlauch
150 g Haselnüsse, gehackt
200 g Sauerrahm, 1 Ei
1 TL gemahlener Kümmel
20 g Butter, Salz
etwas Mehl für die Form

Ein geschmacklich aparter Snack zu einem Glas Wein

- Das Mehl in eine Schüssel sieben. In die Mitte eine kleine Mulde drücken, die Hefe hineinbröseln. Mit Zucker, lauwarmem Wasser und Mehl ein Dampfl anrühren und abgedeckt an einem warmem Ort 15 Minuten gehen lassen.

- Den Speck in einer Pfanne auslassen und abkühlen lassen. Den Bärlauch putzen, waschen, trockenschwenken und fein hacken. Alle Zutaten in die Schüssel geben und gründlich durchkneten. Nur wenig salzen (wegen des Specks). Den Teig abgedeckt ca. 30 Minuten an einem warmen Ort gehen lassen, bis er um das Doppelte aufgegangen ist.

- Den Backofen auf 180 °C vorheizen. Eine Guglhupfform mit Butter einfetten und mit etwas Mehl bestäuben. Den Teig in die Form geben und ca. 1 Stunde backen. Den fertigen Guglhupf in der Form etwas ruhen lassen und dann auf eine Platte stürzen.

Zwiebelkuchen mit Äpfeln

6 PORTIONEN:

250 g Mehl
1/2 TL Backpulver
120 g Butter
1 Ei
Salz
20 g Margarine
4 Gemüsezwiebeln
2 Äpfel
1 EL Majoran, frisch
4 Eidotter
125 ml Milch
Salz, Pfeffer
Muskat

- Mehl mit Backpulver mischen, Butter, Ei und Salz zufügen und zu einem geschmeidigen Teig kneten.
- Auf einer leicht bemehlten Arbeitsfläche ausrollen und in eine 24er-Springform füllen. Dabei einen ca. 2 cm hohen Rand formen.
- Margarine in einer Pfanne erhitzen und die fein gewürfelten Gemüsezwiebeln darin glasig dünsten. Mit frisch gemahlenem Pfeffer, Salz und Muskat würzen.
- Die geschälten und geriebenen Äpfel unter die Zwiebeln mischen.
- Frischen Majoran fein hacken und zufügen. Wenn man getrockneten Majoran verwendet, reicht ein Teelöffel.
- Die Zwiebel-Apfel-Mischung auf den Teig auftragen. Eidotter mit Milch verrühren und mit Pfeffer, Salz und Muskat würzen und über den Zwiebelkuchen gießen.
- Ofen auf 220 °C vorheizen und den Zwiebelkuchen auf der mittleren Schiene ca. 25 Minuten backen. Den Rand mit einem Messer vorsichtig von der Form lösen.

TIPP

ZWIEBELKUCHEN MIT ÄPFELN UND MAJORAN AM BESTEN HEISS SERVIEREN.

getränke

Cocktail „Gibson"

Dieser Cocktail ist die „zwiebelige" Variante des durch die James-Bond-Filme berühmt gewordenen Martiny dry. Das Verhältnis Gin zu Martini ist variabel, oft werden Mixturen bevorzugt, die trockener sind, das heißt, mehr Gin beinhalten. Die beiden Getränkemarken werden von guten Barkeepern für die Herstellung von Martiny dry und Gibson bevorzugt. Beim Mixen scheiden sich die Geister, mancher bevorzugt das Shaken, andere schwören auf einfaches Rühren.

1 PORTION:
1 cl Martini
5 cl Gin
Eis, 1 Perlzwiebel

- Martini und gekühlten Gin unter Eis gut durchmixen (entweder schütteln oder rühren); in ein vorgekühltes Cocktailglas abseihen und eine Perlzwiebel hinzufügen.

Apfel-Zwiebel-Saft

1 PORTION:
250 g Äpfel
1/2 große Zwiebel
0,25 TL frischer Ingwer, geschnitten bzw. geraspelt
Schnittlauch

- Zwiebel schälen und mit den Äpfeln entsaften, mit Ingwer abschmecken und mit Schnittlauchröllchen bestreuen.

Informationen über Zwiebel im Internet

www.bauernkate.de/lexikon/zwiebel.htm

www.biogemuese.de/kraeuter/zwiebel.htm

www.biogarten-kalender.de/pflanzenportrait/zwiebel.htm

www.biozac.de

www.deutsche-zwiebel.de

www.g-netz.de/Health_Center/heilpflanzen/zwiebel/zwiebel_synonyme.shtml

www.lebensmittellexikon.de

www.naturheilkundelexikon.de

www.vetpharm.unizh.ch/giftdb/pflanzen/0049_tox.htm

www.zauber-pflanzen.de/alliumsat.htm

www7.ages.at/service/sortenlisten

flora.nhm-wien.ac.at/Seiten-Arten

webdb.uni-graz.at/~katzer/germ/generic_frame.html?Alli_sat.html

Bezugsquellen (Auswahl)

Zwiebelsamen bzw. Steckzwiebel werden in jedem Gartencenter zumeist in mehreren Sorten angeboten. Daher hier nur einige wichtige Adressen:

www.arche.noah.at

www.bio/saatgut.de

www.reinsaat.co.at

officegraz@austrosaat.at, officewien@austrosaat.at

Literatur

Aichele/Schwegler (1995, 2000): Die Blütenpflanzen Europas. 2. Auflage, 5 Bände, Franckh-Kosmos Verlags-GmbH & Co, Stuttgart. ISBN 3-440-08048-X

Bremness, Lesley (1995): Kräuter, Gewürze und Heilpflanzen. Ravensburger Buchverlag, Ravensburg. ISBN 3-473-46075-3

Brickell, Christopher (Hg.) (1998): DuMont's große Pflanzen-Enzyklopädie. The Royal Horticultural Society, DuMont, Köln. ISBN 3-7701-4350-7

Doeser, Linda (2005): Knoblauch. Parragon, Bath. ISBN 1-40544-541-6

Elmadfa/Aign/Muskat/Fritzsche (1991): Die große GU-Nährwert-Tabelle. Gräfe und Unzer Verlag GmbH, München. ISBN 3-7742-1355-0

Sauerhoff, Friedhelm (2003): Entymologisches Wörterbuch der Pflanzennamen. Wissenschaftliche Verlagsgesellschaft mbH Stuttgart, Stuttgart. ISBN 3-8047-1899-X

Schauenberg, Jörg (2005): Bärlauch. Neuer Umschau Buchverlag Gmbh, Neustadt. ISBN 3-86528-215-6

Sommer, Sven (2001): Homöopathie. Gräfe und Unzer Verlag GmbH, München. ISBN 3-7742-3223-7

Stein, Brigitte & Siegfried (2004): Gemüse und Kräuter – Der große Gartenratgeber. Bassermann Verlag, München. ISBN 3-8094-1708-4

Wendebourg, Tjards (2004): Zwiebelpflanzen. Agrarverlag, Leopoldsdorf. ISBN 3-7040-2043-5

Danksagung

Dank ergeht an Johann Ackerl, Arnfried Bauer, Mag. Thomas Hofmann, Rosa Leisser und Mag. Michael Staribacher.

Einen besonderen Dank möchte ich meiner Frau, Mag. Heidi Haslinger, aussprechen, die mich nicht nur unterstützt hat, sondern sich auch während der letzten Monate großteils von Zwiebeln und anderen Lauchgewächsen ernähren musste.

Register

Abbildungen

Mauritius: Umschlag
Liesl Biber: Seite 120, 125, 126
Thomas Hofmann: Seite 76
Ketchum GmbH: Seite 104, 113, 117, 129, 130, 136
Alle anderen Abbildungen: der Autor

Impressum

Druck- und Verlagsges.m.b.H. Nfg. KG
Achauer Straße 49a, A-2333 Leopoldsdorf
E-Mail: buch@avbuch.at, Internet: www.avbuch.at

Projektleitung: Alexandra Mlakar, avBUCH

Korrektorat: Christina Spiegl

Grafische Gestaltung und Satz: armanda,geisler Wien

Druck: AV+Astoria Druckzentrum GmbH, Wien

Printed in Austria

1. Auflage

ISBN 3-7040-2099-0